栄光と落城

城から見た幕末・維新史

鞍掛伍郎

ウェッジ

まえがき

幕末の日本の城は、戦いのための防御拠点であり、同時に諸藩の政庁でした。江戸時代初期、幕府の一国一城令により、例外を除いて城は各藩に一つとなりました。そのため、藩の象徴としての城の意味と価値は重くなり、武士たちの城に寄せる思いは、とても強いものとなりました。

太平の世であった江戸時代、日本の城郭は軍事的発展の機会を失い、江戸期を通して、ほとんど進化することはありませんでした。

一方、西洋の国々は常に戦乱と緊張の中にあり続け、城、銃、砲、船など、軍事に関する技術は発達し、二百有余年の間に日本の軍事技術は、西洋のそれに太刀打ちできないほどに古臭いものとなっていました。

日本の城は、幕末にはどれも最新の銃や砲に対応できるものではなくなっていたのですが、諸藩はその古い城とともに幕末を迎え、維新の荒波を乗り越えなくてはならなくなっていました。しかし、時代遅れとなった城ではありましたが、城が武士たちの精神的支柱の一つであり続けたことに違いはありません。

これは、武器としてはあまり有効ではない刀が、武士にとって魂とされていたということに近いものと思います。武器として見た場合、刀よりは鑓のほうが有利ですし、鉄砲と刀とでは、比較にすらなりません。

戦国期の火縄銃であれば、連射性もなく雨天では使えないという欠点がありましたが、幕末に西洋から入ってきた最新式の小銃には、雨天でも射撃が可能で、連発式のものも存在しました。また、小銃に銃剣を取り付けてしまえば白兵戦も可能で、刀と比べると、その優位性は絶大でした。ですが、武士たちは最後まで刀を特別視して手放すことはありませんでした。

戊辰戦争では、武士たちは命をかけて城を守り、戦いました。会津で、長岡で、函館で。武士にとって、城とは藩そのものであり、彼らの忠義の象徴でもあったのでしょう。また、彼らは藩への忠誠と同時に、武士としての自身の存在意義を、城に重ねて見ていたように思えてなりません。

廃藩置県で藩がなくなり、明治九年には廃刀令が実施され、戸籍上にこそ士族身分は残されましたが、武士という存在は消滅します。城もまた、廃城令により、そのほとんどが消えていきましたが、いくつかの幸運な城は残され、それ以外の城も、堀や石垣などの遺構を現在に残しています。

あらゆる城、あらゆる藩にそれぞれの維新がありました。不思議な因縁、気高い心を持った武士の赤誠、生き残るための苦渋の決断など、城に秘められたたくさんの物語をお楽しみください。

目次

第三章　落日　時代の終わりと城の運命

第四章　光芒　星に彩られた最後の城たち

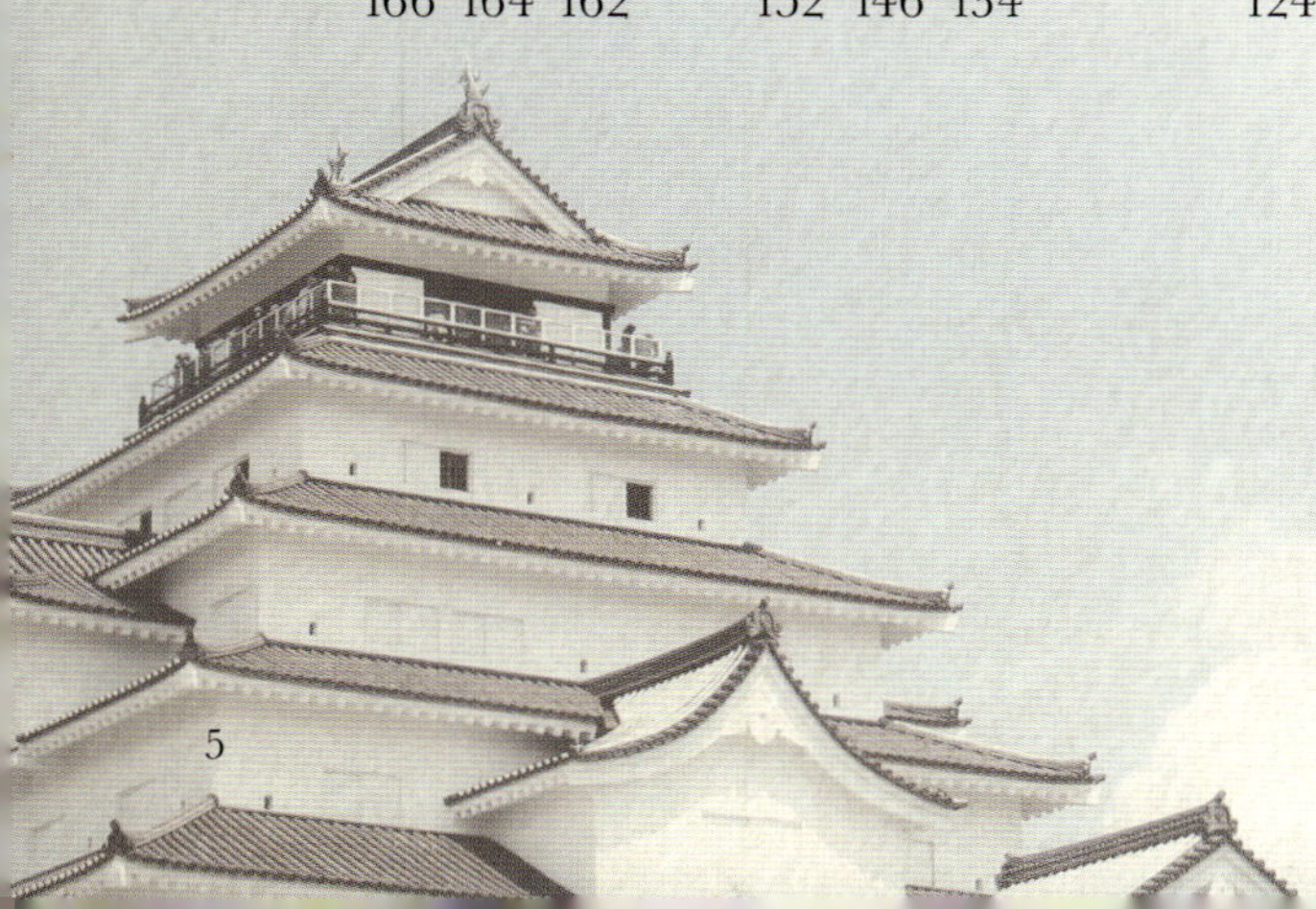

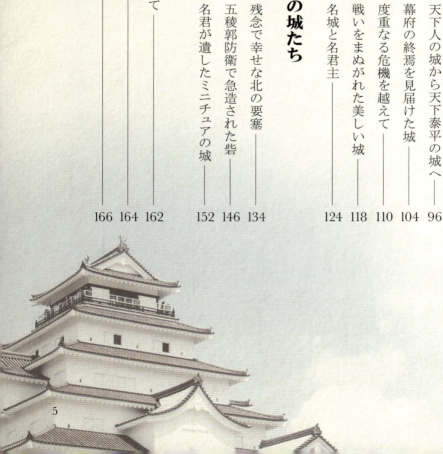

第一章

忠義

日本の夜明け、その光と影

［東京都］

幕府、もし戦わば

江戸城

徳川幕府の時代、江戸城は日本の中枢・政庁であり続けた。この、日本最大級の城郭である江戸城は、実は徳川家が関東に入るまでは、さほどの規模の城ではなかった。

江戸城を最初に築いたのは、太田道灌《おおたどうかん》である。それ以前は、関東全域に影響力を持つ江戸氏がここに居館を築いていた。

江戸氏の居館は後の江戸城旧本丸に位置する江戸庄にあった。その後江戸氏は没落し、江戸は扇谷《おうぎがやつ》上杉家に仕える太田道灌が支配することになる。康正二年（一四五六）、道灌は房総の千葉氏への押さえと

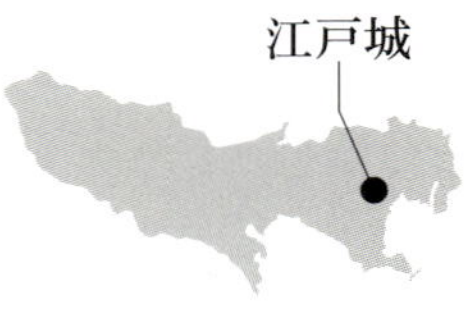

江戸城天守台。天守が焼失した後、天守台は築かれたが天守再建は断念された（写真＝望月昭明）

して江戸に拠点を築き、以降改修を加え続け、文明七年（一四七五）頃に道灌時代の江戸城がほぼ完成した。

江戸の地は、武蔵野丘陵の先端の、半島状に突き出た台地で、水路、陸路ともに使用できる交通の要衝であった。道灌は治水工事や神社の建立などを行い、江戸の町の整備に尽力した。

道灌の死後は扇谷上杉氏の拠点として用いられたが、戦国時代に入ると後北条氏が関東を支配し、江戸は北条氏の地方拠点の一つとして整備されることになる。

徳川家康の江戸入りと江戸開発

小田原征伐により北条氏を降した豊臣秀吉は、先鋒を務めた徳川家康に、北条家旧領のほとんどを与え、これ以降、家康が関東の支配者となる。

関東に入った家康は江戸を拠点として選び、江戸を関東全域の政庁として整備し、これがその後の江戸の繁栄を支える基礎となった。

秀吉の死後、関ケ原の戦いで勝利した家康は天下

徳川家康（1543 〜 1616）肖像。東漸寺（千葉県松戸市）蔵（写真＝望月昭明）

出家後、僧体の太田道灌（1432 〜 1486）肖像。『先哲像伝』（国立国会図書館蔵）より

人となり、江戸城も、天下人の居城にふさわしい規模と堅固さを持つ城郭へと改修された。

江戸城の改修は大坂の豊臣氏が滅びた後も行われ、最後の大改修が終わったのは家康の関東入り以来ほぼ半世紀が経過した、寛永十六年（一六三九）であった。

なお、天守は度々火災で焼失し、四度目の火災後は建て直されず、今は天守台のみがその名残を伝えている。

幕末以前の幕府の政治状況

徳川幕府は、石高で見ると、全国の石高の四分の一にあたる約七百万石を支配し、さらに親藩・譜代の大名の所領を合わせると、全国の過半が幕府寄りとなり、その勢力は圧倒的であった。

さらに、国内の主要鉱山を経営したうえ、長崎における海外との貿易を幕府がほぼ独占した。こうして、幕府はほぼ万全と思える態勢を築いていた。

しかし、米を主とする年貢を経済の根幹としていた幕府は、商業・商品流通の発達による米の価値の低下により、しだいに財政を悪化させていく。

江戸時代中期、疲弊しきった幕府財政を立て直すべく、老中田沼意次《たぬまおきつぐ》は、幕政改革を試みている。

田沼時代、幕府の経済政策は次第に商業を重視するようになり、開放的な空気の中で蘭学が隆盛し、平賀源内などの才能ある人物の活躍などもあり、江戸の庶民文化は大きく開花した。

政治的にも、蝦夷（北海道）の開拓をはじめ、長崎での海外との交易緩和、日本各地の地方産品の商品化などが進み、これが長期的に継続していた場合は幕府の財政は立て直されたものと推測される。さらには、諸外国との交易がゆるやかに増加し、幕末を待つまでもなく開国が成立した可能性がある。

残念ながら、田沼時代には全国で飢饉が頻発し、浅間山の噴火の影響などもあって米価は高騰、庶民の暮らしは逼迫《ひっぱく》した。意次を信頼していた将軍家治の死後、反田沼派の一橋治済《ひとつばしはるさだ》らの暗躍により意次は失脚する。田沼失脚後は、老中松平定信が政治の主導権を握り、定信の実施した寛政の改革により、田沼が進めた幕府経済の近代化は霧散してしまう。

幕府は経済政策の転換の機会を逸し、その後は産業革命を成し遂げた欧米にはるかに後れを取り、それが幕末・明治初期の、科学力・軍事力の差につながり、ひいては卑屈でいびつな日本の外交情勢を生む遠因となる。

開国と混乱

十八世紀後半より欧米列強の日本への接近は急速に増加し、頑迷な幕府も、少しずつではあるが、海外情勢の変化を認識し始めるようになる。

天保十五年（一八四四）、オランダ国王より十二代将軍徳川家慶《いえよし》に、国書がもたらされた。一八四二年にアヘン戦争で清国がイギリスに破れた直後であり、この国書は、混迷の極東情勢を心配したオランダ国王が、善意から幕府に送ったものである。

極東情勢を冷静に説き、その上で開国を勧告したこの国書、いわゆる和蘭告密《こくみつ》に対し、幕府は、祖法は変えられない旨（鎖国は守る）を慇懃に伝え、老中連名で返書を送っただけで黙殺した。

この時、幕府が真摯に国書に応じていれば、日本の未来も大きく違っていたはずである。

日本の国政を担う幕閣たちは、ほとんどが、先祖から受け継いだ身分を守るだけの無気力化した官僚であった。彼らの事なかれ主義が幕政の方向を決定し、その積み重ねが、最終的には幕府の倒壊をもたらすことになるのだが、まだこの時点では、国内での幕府の勢威は圧倒的で、誰もがそのような未来を予想してはいなかった。

田沼意次が失脚して後は、幕閣の多くが政争と保身に明け暮れ、日本の政庁である江戸城は、すでにその機能をマヒさせつつあり、幕府の政治能力は急激に減退していた。

黒船来航

嘉永五年（一八五二）、今度はオランダ商館長ヤン・ドンケル・クルティウスが、近いうちにアメリカが軍艦を日本に派遣して開国を迫ると幕府に予告。それ以前に日本とオランダの間で公平な通商条約を結び、これを前提としてアメリカと交渉すべきと忠告している。なお、この時、クルティウスには条約締結に関する全権が国王から与えられていたという。

老中阿部正弘は、勘定奉行で海防掛の石河《いしこ》政平と相談したが、積極的な結論を出すことができず、この交渉はまとまらずに終わっている。

これに対し、後年、勝海舟が感想を残している。

「オランダ政府から、新カピタンを日本の顧問として活用し、外国からの請求に対応させようとの提案があったわけだが、当時の幕府の役人たちはオランダの提案に対して、意味もなく疑心をはさみ、取り上げようとしなかった。

その結果、翌年アメリカ艦隊が来航するや、慌てふためくばかりで、アメリカ人の恐喝を止めることができなかった。

オランダの忠告を聞いて、その案を採用しておれば、日本政府に一定の拠り所が与えられるので、アメリカ人から愚弄されずに済んだことであろうし、交渉ももっと穏やかにすみ、これほどまでの騒ぎにならなかったろう」

まさに勝の言葉通りで、オランダの忠告に従っていれば、その後に諸外国と結んだ不平等条約も、かなり異なった内容になったものと推測できる。

「正保年中江戸絵図」。正保元年[1644](または翌年)の江戸は、城を中心とした大都市だった(国立公文書館蔵)

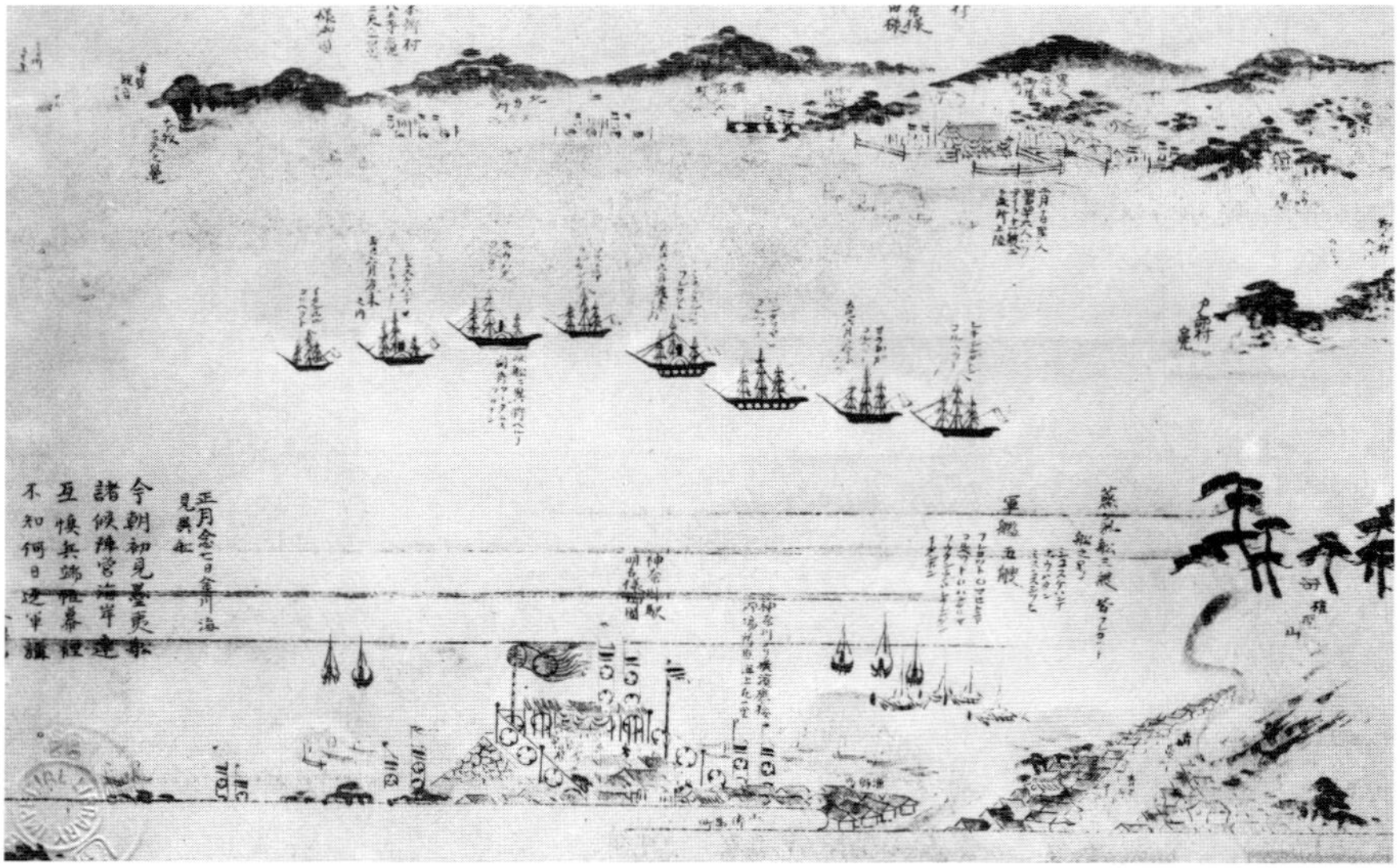

神奈川沖に碇泊中の米國艦隊。『幕末、明治、大正回顧八十年史』（国立国会図書館蔵）より

嘉永六年六月三日、オランダが予告したように、浦賀沖に四隻の巨大な西洋の軍艦が姿を見せる。いわゆる黒船来航である。

ペリーの第一回目の来航であるこの時は、彼らは大統領の親書を幕府に渡すと、わずか十日間のみの滞在で、翌年の来訪を予告してすぐに引き上げている。

ペリーが浦賀に訪れた直後、今度はロシアのプチャーチンが四隻の艦隊で長崎を訪れ、こちらも国書の受理を幕府に迫っている。

アメリカ、ロシアと艦隊が相次いで来訪し、それぞれに開国要求を突き付けられた幕府首脳は、これに有効な対応策を見つけることができず、幕政史上最大の失敗を犯してしまうことになる。

老中首座阿部正弘は、両国からの開国要求を最大の国難と受け止め、今後の対応について、親藩・譜代はおろか、外様大名ら全国の大名に意見を求め、さらには市井からも意見を募っている。

この行為は、これまで国政を親藩・譜代の幕閣で独占していた幕府が、はじめて幕閣以外の外様大名に政治の意見を求めたという大きな転換点であった。これにより、事実上幕府は国政の独占権を失い、以降は有力大名の幕政への関与を許すことになってしまうのである。極言すれば、この瞬間、幕府は国内唯一の政権担当者から、単なる諸大名の盟主という立場に成り下がったことになる。

こうして、幕府の崩壊は江戸城内部で、幕閣が気づかないまま、静かにはじまってしまう。

第一回目の来訪の約半年後、艦隊を整えて日本を再訪したペリーは、七隻の艦隊で幕府を怯えさせた。その後さらに二隻が合流し、巨船九隻が沖に浮かぶ様にリアルな軍事的圧力を感じ、ペリーの開国要求を拒めなくなってしまった幕府は、条約を締結することになる。

幕府が西洋の軍艦に脅威を感じたのは当然といえば当然で、発達した火砲を装備した蒸気船に対し、幕府は抗するだけの有効な兵器を持たず、政庁である江戸城が海岸に近い場所にあったことで、直接的に砲撃を受ける可能性すらあったからである。つまり江戸城は、最新の火砲を保持した敵に対し、無力だったということである。

幕府は応急処置的にお台場を品川沖に築造するも、予算不足で中途半端なままで計画は中止されている。そのため、江戸城は海上からの攻撃には無力な存在であり続けた。常に海上からの砲撃にさらされる可能性があったことの不安は、少なからず幕府の外交姿勢に影響を与え、それが弱腰な態度につながったという見方は十分に可能であろう。

嘉永七年（一八五四）、日米和親条約、日英和親条約、日露和親条約が次々と調印され、日本は祖法とされていた鎖国を解き、開国を決定した。

この時代、開明的な多くの知識人はすでに開国が必然であるとの考えを持ちつつあったが、一部には、日本は気高い神国であって、異国との交流は穢れであると、頑迷なまでに条約締結に反発する者も少なくなかった。

桜田門外の変

安政五年（一八五八）、譜代筆頭彦根藩三十五万石の当主井伊直弼《いいなおすけ》は、幕閣最高の役職である大老に就任する。

安政七年三月三日早朝、直弼は登城のため駕籠に乗り、藩邸から目と鼻の先の江戸城桜田門に向かっ

江戸城田安門。靖国通りから日本武道館への通路であり、くぐったことのある人も多いだろう（写真＝望月昭明）

ていた。このわずか六百メートルほどの距離を移動する途中、直弼は水戸脱藩浪士十七名と、薩摩藩士一名の襲撃を受けて落命するという事件が発生（桜田門外の変）。

幕府の現役の大老が、事もあろうに江戸城のすぐ目の前で暗殺されたこの事件は全国に衝撃を与え、幕府の権威は大きく失墜した。これ以降幕府はその権威を取り戻すことができず、攘夷浪人たちの取り締まりもままならないまま、崩壊への道を進み続けることになってしまう。

江戸開城

鳥羽・伏見の戦いの後、薩摩・長州を中心とした新政府軍は、徳川政権の象徴であり、政庁でもある江戸城に攻め込む前提で軍を東へと進めていた。

勝海舟と西郷隆盛の会談により、かろうじて江戸での本格的な戦いは避けられたが、実際に討幕派が江戸を攻撃した場合、江戸の町は灰燼に帰し、その繁栄は完全に消滅していたものと思われる。

ただし、江戸が戦場となった場合、最終的に幕府軍が勝利した可能性も少なくはなかった。

なにより幕府軍は圧倒的な海軍力を持ち、新政府軍は海上からの攻撃に常にさらされる危険があり、その脆弱な補給路が寸断されてしまえば、長期攻囲は不可能であった。

江戸城そのものを防衛する砲火力も、欧米列強諸国には無力であっても、新政府軍のそれは凌駕しており、江戸城の立地の有利さ、城としての防御力もあり、実際に戦闘となってしまえば、討幕軍は江戸城に近づくことすらできなかったであろう。

徳川慶喜（1837 ～ 1913）肖像写真。『近世名士写真』（国立国会図書館蔵）より

なにより、新政府軍には軍資金の裏付けがなく、長期戦を戦えるだけの力はなかったと言えるだろう。

しかし、十五代将軍徳川慶喜《よしのぶ》は、日本そのものの未来を考えてのことであろうか、抗戦の道を捨て、あえて汚名を着て幕府の崩壊を黙認した。

こうして江戸城は無血開城し、その後明治天皇が行幸。それ以来、明治、大正、昭和、平成と歴代天皇は京にお戻りになられることなく江戸城を皇居とされている。

現在の江戸城は、皇居であるためかなりの範囲が立ち入り不可であるが、本丸、二の丸、三の丸の一部が皇居東御苑として一般に開放され、その規模と築城技術の見事さを誇っている。特に天守台の巨大さからは、往時の徳川家の威光と、同時に天守築城を取りやめた大政参与保科正之《ほしなまさゆき》の、民への慈愛を感じることができるだろう。

九段下の田安門、清水門の壮大さ、石垣の見事さ、壮大な堀幅は、国内の他の城との違いをまざまざと見せつけ、その堅固な防御力を十分に現在の我々に知らしめている。

［新潟県］

ガトリング銃と米百俵

長岡城

長岡城を最初に築こうと計画したのは、越後高田藩三十万石（四十五万石とも）の幼い当主堀忠俊の家老、堀直寄《ほりなおより》である。直寄は坂戸《さかと》藩二万石の領主でもあり、さらには忠俊の弟で蔵王堂《ざおうどう》藩四万石の藩主鶴千代の、後見でもあった。

　蔵王堂藩の藩庁の蔵王堂城は、信濃川の氾濫に被害を受けやすい地にあったため、直寄は蔵王堂城から南に約二キロメートルほどの、氾濫被害に遭わない場所に城を移すことを計画し、慶長十年（一六〇五）より築城は開始された。これが長岡城である。

　翌年、鶴千代が早世すると蔵王堂藩は取りつぶしとなり、領地は直寄の坂戸藩に編入され、坂戸藩は五万石とされ、長岡城は坂戸藩の府庁となる。

　直寄の兄の堀直清《なおきよ》は、直寄同様高田藩の家老兼越後三条藩五万石の藩主であったが、両者は高田藩の主導権を巡って争い、家康はこれを咎めて直清を改易とした。同時に堀忠俊の高田藩も、藩内の混乱を理由に取りつぶしている。

　一方、堀直寄は一万石の減封で信濃飯山藩四万石へと移され、直寄はこれ以降、駿府で家康に仕え、ほどなく一万石を加増されている。元和二年（一六一六）には三万石が加増されて長岡に戻され、

西照寺（長岡市）台場跡。北越戦争では、長岡藩の台場がここに置かれた（写真＝治部左近）

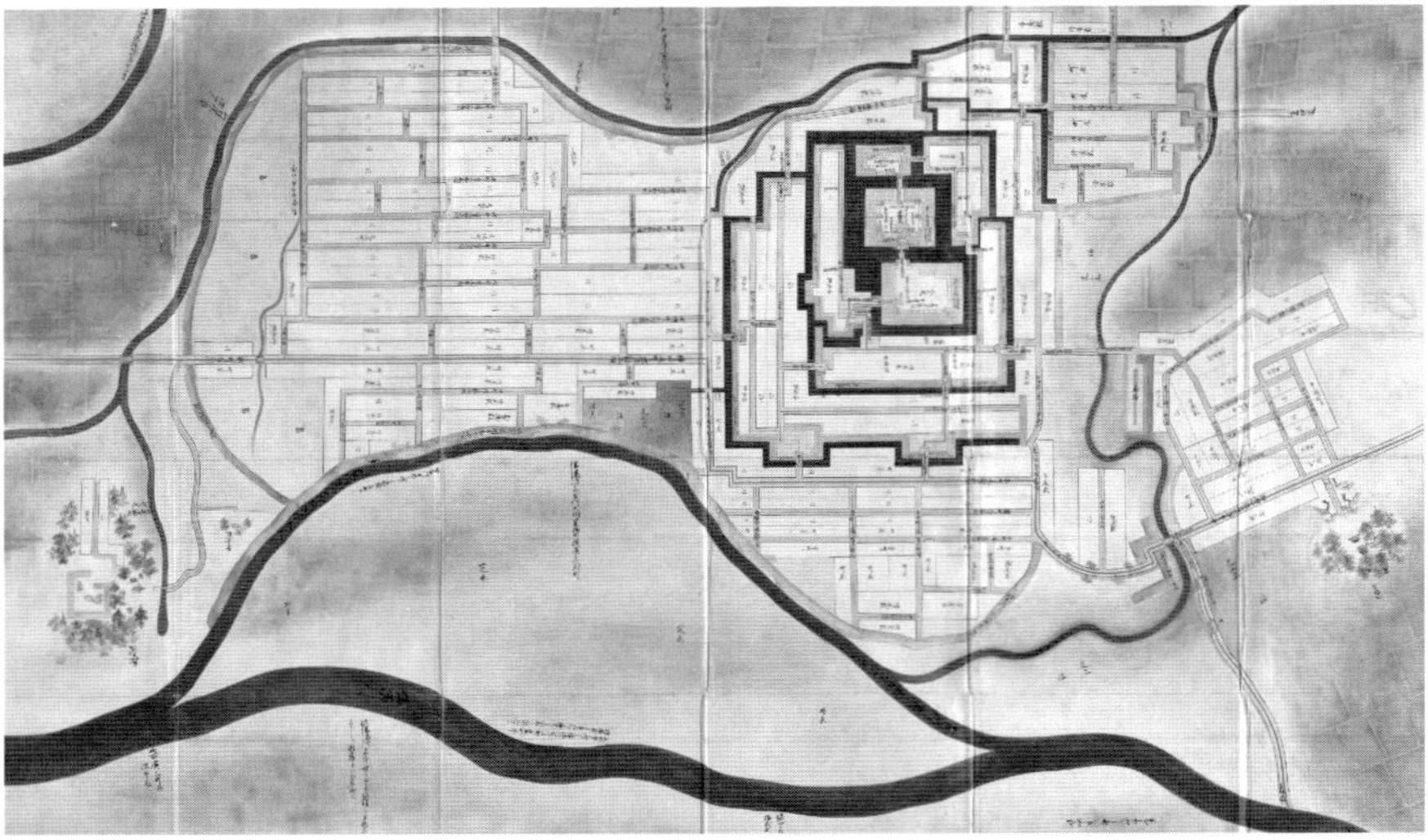

「越後国古志郡之内長岡城之図」。左方向が北である。図の上部を流れる赤川と、下部の大きな信濃川との間に城と城下が広がっている。『正保城絵図』（国立国会図書館蔵）より

二年後、さらに二万石を加増されて越後村上十万石へと転封となる。

この時、直寄は家康より百万石を与えるとのお墨付きを所持していたと伝わっているが、このことから、豊臣系大名であった堀家を取りつぶすため、直寄は家康の命で暗躍していたとの説もある。

譜代牧野家の越後長岡藩が誕生

直寄が村上に移って後、長岡城に新しく入ったのは、三河以来の譜代の牧野《まきの》忠成《ただなり》である。

長岡藩の石高は、入国時は六万四千石。寛永二年（一六二五）、将軍秀忠より加増を受けて七万四千石となり、以降、明治まで牧野氏が統治した。なお、実高では幕末の頃で十四万石強であったとされ、決して貧しい藩ではなかった。

牧野忠成は入封後、堀直寄が築いた長岡城をより堅固な城として完成させた。

長岡城は、西側を流れる信濃川と東側を流れる赤川（現在の柿川）に挟まれる形で築かれた。

天守は築造しなかったが、本丸の三階隅櫓が天守

の役割を果たし、東に詰め丸、西に二の丸を配し、それぞれは独立した曲輪《くるわ》とされ、橋で連絡していた。その周囲は堀と侍屋敷で囲まれ、さらにその外周には深田や沼、湿地帯があり、栖吉川と柿川も堀の役目を果たしていた。小藩の平城でありながら、重厚で多層の守りの堅城としたのは、長岡城に、外様の加賀藩を押さえる役目が与えられていたからである。

なお、栖吉川と柿川のどちらもが、城の北東にある鋸山や南蛮山を源流とし、城下の西を流れる信濃川へと注ぐ清流で、堀には柿川から水を引いていた。

石垣は本丸の表門のみで、全体は土塁が用いられている。江戸期を通じて数度の改修を行っているが、牧野忠成の時代に完成した構造は、幕末まで踏襲されている。

藩の窮乏を河井継之助が救う

牧野家は、譜代ではあったが江戸初期には幕政への参与はなく、平凡な地方の中堅大名として目立つ存在ではなかった。江戸中期に入ると、公卿や有力な親藩と積極的に婚姻関係を結び、江戸中期以降は老中に任じられるほど、幕府に重んじられる藩となっていた。

しかし、江戸の政界で活動するためには莫大な資金が必要とされ、長岡藩の藩庫からは、多量の金銀が流出した。

天保十四年（一八四三）、長岡藩領だった新潟港が幕府の直轄地として召し上げられると、藩財政は完全に崩壊し、嘉永二年（一八四九）には、二十三万両もの借財を抱える状態になっていた。

この、借金まみれの長岡藩の窮地を救ったのが、禄高わずかに百二十石の河井継之助《かわいつぎのすけ》であった。継之助は藩校崇徳館《そうとくかん》に通い、その成績が優秀であったことから二十七歳で江戸遊学を許され、江戸では諸氏を尋ねて学問を深め、諸藩の優秀な若者とも交流し、人脈を形成した。継之助は、高名な佐久間象山《しょうざん》の塾にも通い、一時は象山の屋敷に寄宿し、その学問への姿勢を象山より激賞されている。

安政四年（一八五七）、松山藩で藩政改革を成し遂げ、財政を短期間で立て直した山田方谷《ほうこく》の門下となり、ここで経済と政治を学んでいる。

慶応元年（一八六五）、三十九歳の継之助はようや

ガトリング砲。銃身が回転することで連続して弾を発射する。河井継之助記念館にて

河井継之助肖像。『近世二十傑　第６巻』（国立国会図書館蔵）より

く外様吟味役に任じられ、藩の政務への参加を許されている。なお、外様吟味役とは、藩内のもめ事の調停役のような端役であるが、これを皮切りに彼は加速度的な出世を遂げ、慶応三年（一八六七）には家老職となり、藩政の中心として活躍する。

継之助の改革は、賄賂、贅沢、賭博、遊郭の禁止や、商人たちの特権の廃止、役所のシステムの合理化、治水工事、文武の奨励、若手藩士の登用など多岐にわたり、これにより藩財政は急速に改善し、藩主牧野忠訓《ただくに》からの信頼はさらに厚いものとなる。同時に藩の兵制改革をも行い、フランス式の軍制を取り入れ、新式の銃器を多数購入し、短期間で長岡を精強な藩へと変身させている。

一方、古くからの長岡商人の特権を廃したことや、大政奉還後の混乱に備えるための軍資金として、町や村に「非常用御用金」という緊急の課税を行ったことで恨みを買い、藩内には継之助の出世を妬む者もいて、風当たりは決して良いものではなかった。そのため、戊辰戦争で長岡藩が新政府軍に屈して後は、長岡では継之助の悪評が噴出したという。

武装中立を目指す

幕末の混乱の中、譜代大名であり、幕政にも参画した牧野忠訓は、あくまで幕府に忠義を尽くすべきとの姿勢を守っていた。鳥羽・伏見の戦いにおいても、長岡藩は大坂の警備にあたっていたが、幕府側が敗北し、徳川慶喜が江戸へ戻ったことを知ると、長岡藩の主従も急いで江戸へと戻り、あらためて長岡へと帰っている。

この時継之助は江戸に残り、まだそれほどの混乱になっていない江戸で、長岡藩江戸屋敷の藩邸から什器まですべてを売り払うことで数万両の資金を作り、ライフル銃多数と弾薬、ガトリング砲(銃)二門(一門とも)を購入。なお、このガトリング砲は、機関銃のように連続して銃撃ができる当時最新式の兵器で、国内にはこの二門を含め、三門しかないという貴重な兵器であった。

継之助は残った金で、銅銭と安くなっていた米を買い集め、江戸に残っていた藩士とともに外国船で函館に運び、これらを高値で売りさばいた後、日本海経由で長岡へと帰っている。

鳥羽・伏見で幕府が敗北した後は、長岡藩の藩論は佐幕派と新政府への恭順派とに二分していたが、執政となっていた継之助は、武装した上で中立を堅持しようと目論んでいた。

慶応四年（一八六八）閏四月二十六日、継之助は軍事総督に就任し、忠訓より長岡の軍事のすべてを託されると、長岡城から二十キロメートルほどの小《お》千谷《ぢや》町の新政府軍本営に出向き、長岡藩の今後について、談判を申し入れた。

新政府側が藩に求めたのは、軍資金としての三万両の献金と会津攻めへの長岡藩の出兵であったが、継之助が主張したのは、現代で言うところの武装中立の提案であった。

「藩論がまだ定まっていないが、新政府軍への恭順の意思はあり、新政府軍との戦闘は避けたいと考えている。なので、領内への新政府軍の侵入は、避けて欲しい」という要望を継之助はしたようであるが、有力な軍事力を持った勢力を後方に放置して進軍するなどということは、軍事的な常識から考えてありえないことであり、この継之助の主張は通らず、当然ながら談判は決裂した。

長岡城をめぐっての激しい攻防

こうして、長岡藩は望んでいない新政府軍との戦いに突入するのだが、わずか七万四千石の中堅大名では圧倒的な新政府軍の攻撃に耐えられるはずもなく、いかに継之助の用兵が優れていようとも、それは蟷螂の斧に過ぎない無意味な抵抗であった。

致命的であったのは、五月十九日の長岡城の落城である。新政府軍は、商人らの助けを借りて信濃川を舟で渡河し、奇襲で城下に突入し、これを陥れている。長岡藩の主力が国境に出撃していたとはいえ、あまりにあっけない落城であった。

その後、米沢藩、新発田《しばた》藩の援軍を得た長岡藩は、継之助の指揮により一度は城の奪還に成功しているが、その後は継之助の負傷などもあり長岡藩兵の士気は衰え、七月二十九日には再び長岡城は落城する。負傷した継之助は、長岡藩兵とともに八十里越と呼ばれる険しい山道を会津方面へと落ちていった。

長岡藩側は、援軍を含め約八千の兵力。対する新政府軍は三万。圧倒的な兵力差は、優秀な指揮官一人では覆すことができず、新発田藩の裏切りなどもあり、長岡藩は敗北した。

長岡城落城とその後の長岡藩

八月十六日、継之助は傷口からの破傷風で死亡。河井家は政府への反逆者として、上席家老・山本帯刀《たてわき》とともに家名断絶の処分を受けている。

なお、両家は明治十六年（一八八三）に家名再興を許されているが、山本家には男子がおらず、大正五年（一九一六）に高野家より養子を迎えて、ようやく家名を存続させている。この養子が、後の連合艦隊司令長官山本五十六《いそろく》である。

五十六もまた、継之助と同じく天才的な軍人であったが、勝てるはずもないアメリカとの戦いの指揮を取らされ戦死している。継之助も五十六も、当人が戦うべきではないと考えていながら、勝てるはずもない巨大な敵と戦い、善戦の後に戦死しているのだが、そこには何か、不思議な縁のようなものがあるように感じられてならない。

この長岡戦争（北越戦争）は、戊辰戦争の戦闘では、会津戦争に次ぐ死者を出した激戦であった。

長岡藩は五万石の領地を没収され、所領はわずか二万四千石となり、戦後の藩士の生活は窮乏を極めた。藩内では、これを河井継之助の責任であるとして非難する声も少なくなかったという。

米百俵と長岡の人々

長岡藩が減封され藩士が困窮していた時、それを見かねた支藩の三根山《みねやま》藩より、米百俵の援助があった。

市内の悠久山公園には、城の天守をかたどった「長岡市郷土資料館」がある

藩士はこれを喜んだが、長岡藩・大参事の小林虎三郎は、「百俵の米も、食えばたちまちなくなるが、教育にあてれば明日の一万、百万俵となる」と、これを藩士に分け与えず、学校の設立費用とした。これにより開校した「国漢《こっかん》学校」が、現在の長岡市立阪之上小学校、新潟県立長岡高等学校の前身となり、明治以降、長岡の子弟の教育を大きく支えることになる。なお、同校からは、山本五十六や、堀口大學（詩人、仏文学者）など、多数の政治家、研究者、文化人が輩出している。

長岡城は、長岡戦争でほぼ焼失し、明治三十年（一八九七）には本丸が長岡駅として利用され、堀や石垣も戦後の復興でほぼ姿を消し、現在ではわずかに「本丸跡」と「二の丸跡」の石碑が残されているのみである。

近年では、河井継之助の「弱きを助け、強きをくじく」義の心と、時代を先取りした優秀さが多くの人に認識され、継之助の再評価が進んでいるのはとても喜ばしいことである。

［福島県］
悲劇の名城

会津若松城
［鶴ヶ城］

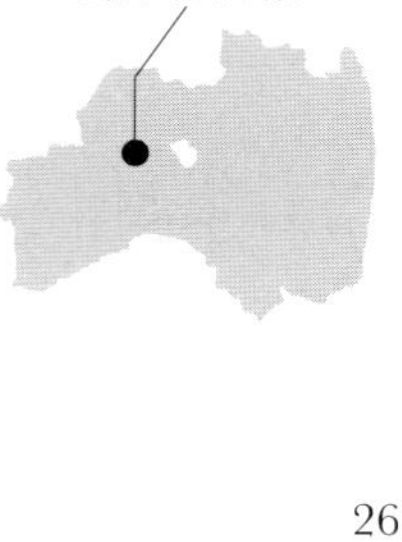

会津若松城、または鶴ヶ城と呼ばれるこの城の歴史は古い。初めて当地に城が築かれたのは南北朝時代の至徳元年（一三八四・北朝）のことである。

若松城は、猪苗代湖の西約九キロ、会津郡門田《もんでん》荘黒川の丘陵地に、戦国大名蘆名《あしな》直盛《なおもり》が黒川館を建てたのがそのルーツである。会津の地はその後約二百年にわたり蘆名氏に治められていたが、天正十七年（一五八九）に蘆名義弘が伊達政宗に破れ、黒川城は政宗の居城となる。

その後政宗は、豊臣秀吉の小田原攻めに遅参した罰としてこの地を失い、秀吉は会津を蒲生《がもう》氏郷《うじさと》に与えている。現在の会津若松の礎を整備したのはこの氏郷である。

蒲生氏郷による若松城の整備

氏郷は織田信長、豊臣秀吉に仕えた武将で、秀吉は厚く氏郷を信頼し、伊達政宗、徳川家康ら関東東北の外様大名への押さえとして、彼に会津を任せている。

こうして、氏郷は伊勢松ヶ嶋十二万石から、一躍会津四十二万石（検地と加増により、後には九十二万石）

会津若松城。会津藩の居城で、その美しさから「鶴ヶ城」とも呼ばれる（写真提供＝会津若松市）

に加増されたのだが、氏郷自身はこの加増をさほどに嬉しいとは思っていなかった。茶人・文化人として、中央から離れるのを悲しんだとも、京から遠ざけられては天下を狙えなくなるとも嘆いたと伝わっているが、おそらく前者が彼の本音であろう。

しかし、氏郷は悲嘆に暮れることなく精力的に会津の地を開発した。黒川という地名を、出身地の近江日野城近くの「若松の杜」にちなんで若松に改め、黒川城も鶴ヶ城へと改名した。「松」も「鶴」も、縁起の良い文字であり、新しく賜った土地への愛着と、未来への発展を願ってのものであろう。

新城の大改修は天正二十年（一五九二）に開始され、翌年には七層建て金箔瓦の天守が完成。奥州には類を見ない巨大で豪奢な天守は、蒲生氏の背後にいる豊臣氏の権勢を、東北の人々に見せつけた。

前領主の政宗は、たびたび会津を狙うそぶりを見せ、一揆を扇動するなど氏郷と対立した。「独眼竜」と呼ばれた政宗と、「麒麟児」と称された氏郷は、さながら冷戦のような緊張状態を続けていたが、氏郷は文禄四年（一五九五）、四十歳の若さで病没する。

氏郷の死後は嫡子の秀行が家督を継ぐも、秀吉は若年の当主では会津の要地を任せることはできないと判断。すぐに秀行を宇都宮十二万石へと転封させ、この枢要の地には、上杉景勝《かげかつ》を百二十万石で入封させている。

保科正之の入城

豊臣秀吉の死後、政権簒奪《さんだつ》を企てる徳川家康と、これを阻もうとする石田三成が対立し、関ケ原の戦いが勃発する。関ケ原の戦いは、徳川家康が上杉景勝を討伐しようとしたことに端を発し、景勝に呼応する形で三成は挙兵している。

関ケ原で石田三成ら西軍が破れ、しばらくは抵抗を続けていた景勝も家康に降り、上杉家は会津から出羽米沢へと移されている。その後、会津の領主は蒲生秀行、加藤嘉明《よしあき》とめまぐるしく替わり、寛永二十年（一六四三）に保科正之が城主として入城する。

正之は、二代将軍徳川秀忠が侍女に産ませた、家光の異母弟である。正之は、家康に庇護されていた武田信玄の次女の見性院《けんしょういん》に預けられて養育され、長じて旧武田氏家臣の信濃高遠《たかとお》藩主保科正光の養子となり、高遠藩三万石を継いでいる。秀忠の死後は、兄である三代将軍家光の強い信頼を受け、会津二十三万石を与えられている。

正之は生涯将軍家に尽くし、幕府を支え続けた。ちなみに、火災で江戸城天守閣が焼失した後、その再建を取りやめたのは正之である。合戦の無い時代、天守再建に膨大な予算を用いるより、庶民救済にその予算を充てるべきとの判断は、正之の政治家としての姿勢を如実に示す好例である。

そして同家は、三代正容《まさかた》の時代に松平姓の使用と葵の紋の使用を許され、親藩として御三家に継ぐ家格の家として幕政にも関与する立場となり、幕末を迎えることとなる。

会津の家訓

会津藩では、保科正之が残した遺言を、家訓十五か条としてまとめ、これを会津藩主と家臣の基本理念とした。

一　曰く、

大君の義、一心大切に忠勤に存ずべく、列国の例をもって自ら処するべからず。若し二心を懐かば則ち我子孫にあらず、面々決して従うべからず

二　曰く、

武備は怠るべからず、士を選ぶに本とすべし。上下の分を乱すべからず

三　曰く、

兄を敬い弟を愛すべし

四　曰く、

婦人女子の言、一切聞くべからず

五　曰く、

主を重んじ法を畏るべし

六　曰く、

家中風儀を励むべし

七　曰く、

賄を行い媚を求むべからず

八　曰く、

面々依怙贔屓《えこひいき》すべからず

九　曰く、

士を選ぶに便辟便佞《べんぺきべんねい》の者を取るべからず

十　曰く、

松平容保（1836 ～ 1893）肖像。『幕末、明治、大正回顧八十年史』（国立国会図書館蔵）より

賞罰は家老の外これに参知すべからず。若し位を出ずる者あらば、これを厳格にすべし

十一　曰く、

近侍の者をして人の善悪を告げしむべからず

十二　曰く、

政事は利害をもって道理を枉《ま》げるべからず。詮議は私意を鋏み人言を拒《ふせ》ぐべからず。思う所を蔵せず、もってこれを争うべし。甚だ相争うといえども、我意をここに介すべからず

十三　曰く、

法を犯す者ゆるすべからず

十四　曰く、

社倉は民のためにこれを置く。永利のためのものなり。歳餓、則発出して、これをすくうべし。これを他用すべからず

十五　曰く、

若しその志を失い、遊楽を好み、驕奢を致し、士民をしてその所を失わしめば、則ち何の面目あって封印を戴き、土地を領せんや、必ず上表蟄居すべし

右十五件の旨　堅くこれを相守り以往もって同職の者に申し伝うべきものなり

　会津松平家最後の藩主・九代容保《かたもり》は、美濃高須藩主松平義建《よしたつ》の六男で、八代藩主容敬《かたたか》の養子として会津に入っている。なお、容保には兄弟が多く、尾張徳川家、一橋家、桑名藩松平家などに養子として入り、それぞれ当主となっている。

　高須藩は尾張徳川家の流れの親藩中の親藩であり、その家格は高い。容敬もまた高須家からの養子であるが、容敬の父はというと、水戸藩主の次男である。つまり、容保は水戸徳川家の血筋ということになる。水戸家から一橋家の養子となり、その後十五代将軍になった徳川慶喜が絶大な信頼を置いたのは、その

あたりの血筋の近さも多いに関係しているものと思われる。

容保は、養子として誇りと歴史ある会津松平の家を継いでいるのだが、外部から入った人間だからこそ、藩祖正之の家訓は重く、これを守るのが自身の義務と思えたのだろう。

家訓では冒頭、「大君の義、一心大切に忠勤に存ずべく、列国の例をもって自ら処するべからず。若し二心を懐かば則ち我子孫にあらず、面々決して従うべからず」と、徳川家への絶対的な忠節と、他藩の真似をして藩の方針を決めることの否定を、強い言葉で示している。幕末、諸藩が右往左往しているなか、会津藩のみは藩論に一切のブレがなく、最後まで誠の忠義を貫き通しているが、その底流にはこの家訓があった。

京都守護職

幕末の混乱の中、容保は京都守護職となり、さらに新撰組を麾下《きか》に置き、会津藩士の見廻組とともに京の治安維持を担い続けた。

本来、この役は京に近い近江彦根藩の井伊家が受けるべきものであるが、井伊家は当主が桜田門外の変で討たれ、安政の大獄で諸藩から恨まれていたということもあり、さすがに受けることはできなかった。容保は何度も辞退した後に渋々受けているが、本国も遠く、自藩に益もないこの役目には、藩内でも反対する意見が多かった。しかし、将軍から頼まれてしまえば、「大君の義、一心大切に忠勤に」との家訓の会津藩は、これを断ることはできない。

こうして、京都守護職を引き受けた会津藩は、禁門の変では官軍として長州の攻撃から御所と孝明天皇を守りぬき、容保には、会津藩を頼りとしている旨の「御宸翰《ごしんかん》」が孝明天皇より下された。まさに誠の武士、真実の忠義がそこにはあった。

会津討伐と仙台藩の意地

戊辰戦争最大の激戦と呼ばれる会津戦争は、まったく必要のない戦闘であった。

鳥羽・伏見の戦いで勝利した新政府軍は、会津藩主松平容保に対し、城の明け渡しと、領地没収という処分を発表し、仙台、米沢、秋田、南部諸藩に、朝敵である会津追討を命じている。

　これまで御所の警護に当たり、孝明天皇より絶大な信頼を寄せられていた会津藩が、こともあろうに朝敵とされるとは、藩主松平容保とその家臣にとってはまさに青天の霹靂であった。

　奥州最大の戦力を持つ仙台藩は、新政府から会津討伐を命じられはしたがこれをよしとせず、藩主伊達慶邦《よしくに》は太政官に宛てて建白書を書き、京に送っている。

　その内容は、徳川家を朝敵とすることの理不尽さと、内戦による混乱への批判、一度朝敵とされた長州が許されており、徳川家も一度の戦闘で叛賊と決めてしまっては、人々が納得しないとあり、それらを理由に出陣を「暫く御容赦されたい」と申し入れたものであった。しかし、仙台京屋敷ではこれはすでに時機を逸していると判断し、伊達一門である宇和島藩主の伊達宗城《むねなり》にも相談したうえで、建白書は握りつぶされている。

　このころはまだ、新政府内部にも会津を寛容に処分すべきとの意見もあったが、二月十六日に東征大総督有栖川宮熾仁親王《ありすがわのみやたるひとしんのう》の名で、松平容保には「死謝」（死罪）との沙汰が下され、会津の武力討伐がほぼ決定した。しかし、この時点ですでに東征大総督の実質的トップ、西郷隆盛は京を発して関東に向かっており、お飾りに過ぎない公卿の有栖川宮親王がそのような厳しい決定をしたということも考えられず、結局この沙汰は、大総督参謀である宇和島藩出身の林通顕《はやしみちあき》によりなされたものと考えられている。

恭順の姿勢の会津藩

　このとき、松平容保は朝廷への恭順を示し、哀訴嘆願書を提出していたが、新政府は頑なに会津討伐へと突き進み、三月十八日には奥羽鎮撫《ちんぶ》総督の九条《くじょう》道孝《みちたか》が五百余名を引き連れて仙台の松島湾に入っている。もちろん、ここでも公卿の九条は名目上の総督で、実権は薩摩藩士の大山格之助と、長州藩士の世良修蔵が握っていた。なお、当初は薩摩の黒田清隆、長州の品川弥二郎が参謀に任じられていたが、当人たちの意思か新政府幹部の判断かは不明であるが、理性的で会津討伐には積極的ではなかった両名は外されている。あらためて、格下の二人が参謀となったことは会津藩にとっては不幸であった。

　会津に同情的な仙台藩も、鎮撫総督府の指示で会津へと向けて出陣し、四月十九日には会津国境で会津兵と接触。しかし、戦いは発生せず、同月二十九日には米沢藩も加わっての会談を行い、今後を話し合った。会津藩は新政府に恭順の意を示し、寛大な処置を願うとの嘆願書をしたため、仙台、米沢両藩はこれを奥羽諸藩連名で鎮撫総督府に提出した。

　世良修蔵はこれを一蹴し、あくまでも松平容保の斬首と若松城開城を要求。さらに修蔵は、仙台藩士を嘲る態度を取る。これが反感を買い、後には新庄に進出していた大山への密書に「奥羽皆敵ト見テ」と書かれていたことが発覚し、修蔵は激高した仙台藩士に暗殺されている。

　こうして、東北諸藩の多くが会津藩・庄内藩側に立つことに決し、奥羽越列藩同盟は新政府と激突する。

　この時、上野戦争を避け、上野寛永寺より輪王寺《りんのうじの》宮公現法親王《みやこうげんほっしんのう》（寛永寺貫主・日光輪王寺門跡）が会津に滞在していたが、列藩同盟は輪王寺宮を盟主として旗印とした。輪王寺宮は「東武皇帝」に推戴されたとの説もあり、実際に欧米の新聞ではそのような報道もあったようであるが、詳細は不明である。なお、家康の時代より日光輪王寺に親王を迎えていたのは、有事にその親王を天皇に立て、京の朝廷に対抗するための策であったともいわれている。

奥羽越列藩同盟の戦い

　奥羽越列藩同盟には、仙台藩、米沢藩、長岡藩、新発田藩ら三十一藩が加わり、まさに東北・越後のほとんどの藩がこれに参加しているが、小藩の多くは積極的ではなく、大藩の圧力で仕方がなく参加したというケースが多い。なお、会津藩、庄内藩を救うための同盟なので、両藩は同盟には名を連ねていない。

　列藩同盟の構想は大変雄大なもので、新政府軍を東北から蹴散らし、関東に兵を進めるというものであった。

　同盟主力は東北への関門ともいえる白河口を死守し、会津藩は日光口から関東へと攻め込み、江戸へ

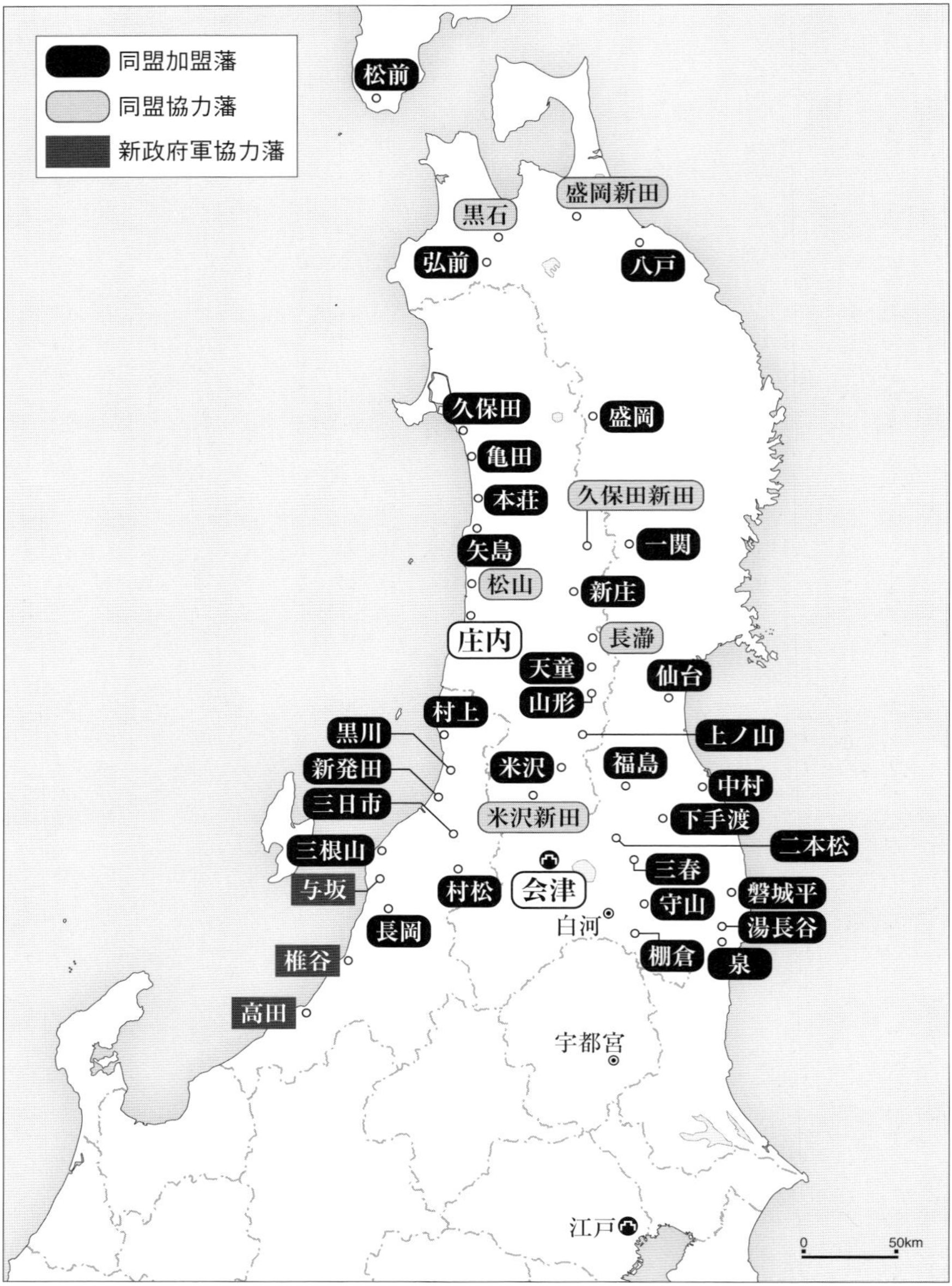

慶應４年（1868）５月上旬、成立直後の奥羽越列藩同盟の状況

と進む。庄内方面では、米沢藩と庄内藩が新政府軍を排除し、公卿の澤為量《さわためかず》副総督を押さえ、米沢にお連れして錦旗をたてる。さらに北越方面では、長岡藩らが新政府軍を迎え撃ち、信濃、甲斐、上野に兵を進め、関東の旧幕府勢力を受け入れ、新潟は同盟共有の港湾として利用する。

兵数から考えて、決して不可能ではないと思われた戦略ではあるが、東北諸藩の武器は多くが旧式の装備のままで、新式の兵装の新政府軍に各所で破られ、さらには小藩が次々に同盟を離脱。わずかに長岡藩が善戦したのみで、同盟は崩壊した。

新政府軍の最大の目標は会津である。若松城では、八月二十三日にはすでに城下への侵攻を許し、敵の侵攻が想定よりも早すぎたために籠城の準備は整っておらず、会津は混乱の坩堝と化した。

この時、藩主容保らは城外に出撃して抵抗を試みているが、会津藩の主力は越後や日光など、国境周辺に出撃していて、効果的な反撃にはならなかった。

女子供が籠城しては、食料を減らすのみで足手まといになると、自刃した婦女子も多く、この一日だけで、二百人以上の婦女子が亡くなったという。

会津戦争での会津側の戦力は約九千五百。対して新政府側は諸藩連合で七万五千。籠城した会津兵は五千ほどで、城下を囲む新政府軍は三万を越えていた。

装備に劣り兵数で圧倒される会津藩であったが、士気は高かった。城下の西側、融通寺口から出撃しての遊撃戦も何度か試みられたが、損害ばかりを増やしたのみで効果はなく、いつしか出撃策は採用されなくなっていた。

新政府軍は兵力が揃うのを待ち、戦線はしばらく膠着していたが、九月十四日、新政府軍が総攻撃を実施。外郭を突破し、内郭に迫るも突入するには至らず、被害が予想以上に出たことで、あらためて包囲戦へと作戦は変更された。

砲撃に屈した会津藩

火力で圧倒する新政府軍は、各戦線で優勢に戦いを進め、さらには城の北東一・五キロほどの小田山に砲を据えて城内を砲撃。佐賀鍋島藩の持つ最新型の施条砲、アームストロング砲が威力を発揮し、城内を地獄絵図へと陥れた。若松城が築かれた戦国時代であれば、砲の射程は数百メートルが限界であったが、この時代の最新の砲の射程距離は数キロにも及び、城内は完全に射程圏内となっていた。

　特に高地である小田山からの砲撃は高い精度で城内を襲い、大変有効な攻撃となった。

砲弾の痕が生々しく残る「若松城写真　天守東南面之図」。明治６年以前の写真（国立公文書館蔵）

九月二十二日、籠城一か月にして会津軍は降伏し、若松城は落ちた。松平容保は、薩摩藩の桐野利秋らの判断で助命され、江戸へと送られた。

　戦後、会津藩は下北半島斗南《となみ》に領地替えとなっているが、表高三万石の斗南は、領地の多くが農耕に不向きで、実高は七千三百八十石というまさに不毛の地であった（『秩禄処分顛末略』より）。

　会津藩は二十三万石で、実高は四十万石を越えていたとされるが、それが一万石以下の土地で暮らすとなれば、その貧窮の度合は想像以上である。多くの幼い子どもと老人が飢えと寒さで命を落とし、最初の冬で一家全滅した家も珍しくはなかったという。廃藩置県の後は、多くが会津に帰郷し、斗南に移住した会津人約二万人のうち、斗南に残ったのは四千人ほどである。

　現在の会津若松城は昭和四十年（一九六五）に再建されたもので、鉄筋コンクリートで五層の天守外観が再現されている。さらに、南走《みなみはしり》長屋や干飯《ほしい》櫓が復元されるなど、近年になってからも復元事業が続けられ、平成二十三年（二〇一一）には明治以前の赤瓦葺に復元され、往時の美しさを取り戻している。

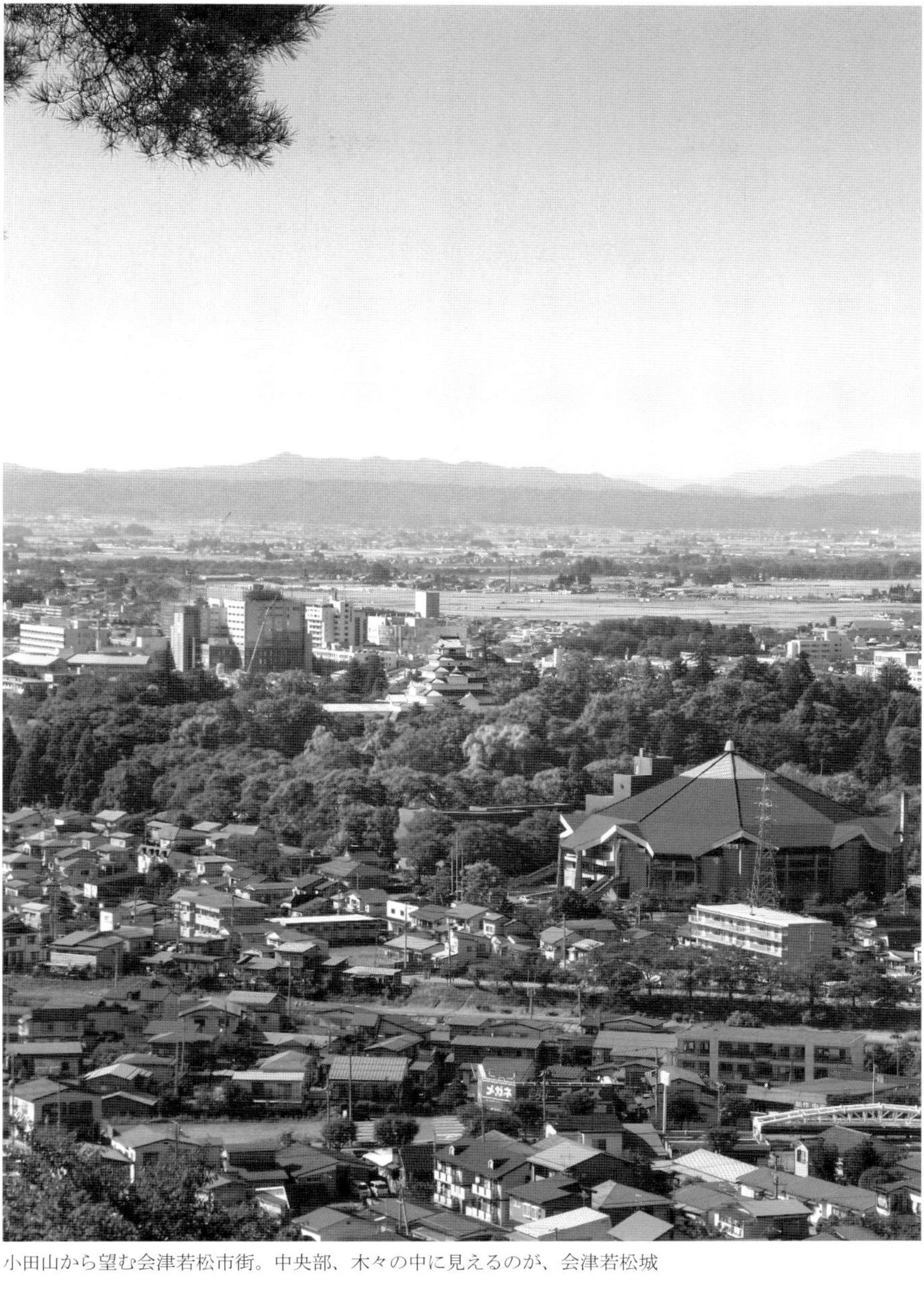

小田山から望む会津若松市街。中央部、木々の中に見えるのが、会津若松城

［北海道］

最後の和式城郭

松前城

蝦夷地、今の北海道は、縄文時代から鎌倉時代まで、アイヌの楽園であり続けた。本州にヤマト政権ができ、さらには奥州に和人の勢力が及んで後も、蝦夷地と奥州にはわずかに交易があった程度で、蝦夷地は和人の支配を受けてはいなかった。

室町時代に入ると、道南に安東氏《あんどうし》の支配が及び、和人の流入が急増した。安東氏は、安倍貞任《あべのさだとう》の子孫を称し、津軽を本拠として陸奥と出羽の広範な範囲を支配下に置く、奥州の覇者であった。

戦国期になると、蝦夷地に拠点を持つ安東氏の家臣の蠣崎氏《かきざきし》がアイヌ支配と交易で力を付け、蝦夷地での勢力を拡大。蠣崎季広《すえひろ》の代で、道南をほぼ勢力下に置き、実質的に安東氏からの独立を果たしている。これ以降、アイヌは和人より不当な扱いを受け、交易においても一方的に不利な条件を押し付けられ続けることになる。

蠣崎氏（松前氏）の蝦夷地支配

天正十八年（一五九〇）、豊臣秀吉の奥州仕置では、蠣崎氏はいち早くこれに対応。季広の子である慶広《よしひろ》が上洛して豊臣秀吉の謁見を受け、蝦夷地支配と交

松前城復元天守。天守は昭和 24 年（1949）に焼失したが、12 年後に再建された（写真＝治部左近）

易権を認められている。

なお、蠣崎氏は源氏の一門である若狭武田氏の流れを称しているが、実際は南部氏の庶流といったところと考えられている。

奥州仕置に不満を持った陸奥の九戸政実《くのへまさざね》は、秀吉の軍勢が奥州を離れると、直後に豊臣家への反乱を起こしている。いわゆる「九戸の乱」であるが、秀吉は甥の豊臣秀次を総大将として討伐軍を編成。蒲生氏郷らを「九戸の乱」討伐に向かわせ、この時、慶広も九戸城の包囲に加わり、豊臣家臣としてその立場を明確にした。

朝鮮出兵では、慶広は肥前名護屋城に参陣。民族服をまとったアイヌ兵を引き連れ、異国情緒をアピールして秀吉を喜ばせ、あらためて全蝦夷地（樺太・北海道）の支配権を与えられている。

秀吉の死後は家康に接近。慶長四年（一五九九）、姓を松前に改めているが、これは、北海道を意味するアイヌ語「マトマエ」を語源とする地名「松前」からとったとされている。五大老の一人である家康の旧姓、松平の松と、前田利家の前をあわせたものだとの説もあるが、秀吉の羽柴姓の伝承とよく似て、慶広の世渡り上手さがよく現れている話である。

関ケ原の戦いでは、遠国のため本戦にこそ参加していないが、東軍としての立場を表明し、臣下の証として、蝦夷地の地図を家康に献上している。

地図を相手に渡すということは、その地を譲るということを意味する古代中国からの作法であり、慶広は、豊臣家の家臣として西軍として戦うのではなく、家康の家臣として戦うと宣言したことになる。同時に、具体的に西軍を攻撃しないことで、家康が敗北した場合には、東軍に味方しなかったと西軍に説明が可能な、多分に曖昧な態度であった。

江戸時代も蝦夷地支配を任された松前氏であるが、稲作ができないため米の年貢高がほぼゼロの松前藩は、一万石格の扱いであった。そのため城持ちは許可されず､その居館は城ではなく､あくまでも陣屋（城主格以下の小大名の居館）扱いであった。

とはいえ、蝦夷での交易を独占的に許可されている松前藩の豊かさは尋常ではなく、陣屋の福山館は、完全に城としての規模を備えていた。

幕府巡見使の古川古松軒《こしょうけん》による『東遊雑記《とうゆうざっき》』では、福山館《ふくやまだて》について、七、八万石ほどの大名でも持つこと

明治４年（1871）の松前の町の写真。遠くに松前城が見える（函館市中央図書館蔵）

ができない規模だとし、松前藩の家老屋敷が、旗本の五千石から一万石の屋敷に相当すると驚いている。

蝦夷地の召し上げ

寛政十一年（一七九九）、ロシア人の南下を恐れた幕府は、蝦夷地の直轄化を計画し、九代藩主松前章《あき》広《ひろ》より蝦夷地のほとんどの支配権をとり上げ、替地として武蔵国埼玉郡の一部五千石を与えている。文化四年（一八〇七）には、西蝦夷の地も召し上げ、三万石格の大名として、陸奥国伊達郡梁川《やながわ》九千石（実高は約二万石とされる）に転封とされた。

文政四年（一八二一）、松前章広と父・道広は、将軍徳川家斉《いえなり》の父・一橋治済と、その側近で老中首座の水野忠成《ただあきら》に接近し、莫大な賄賂により蝦夷地への復領を許されている。

蝦夷地はロシアとの最前線

幕末になると、蝦夷地はロシアとの最前線の国境として再び注目され、幕府は蝦夷地防衛力の強化を

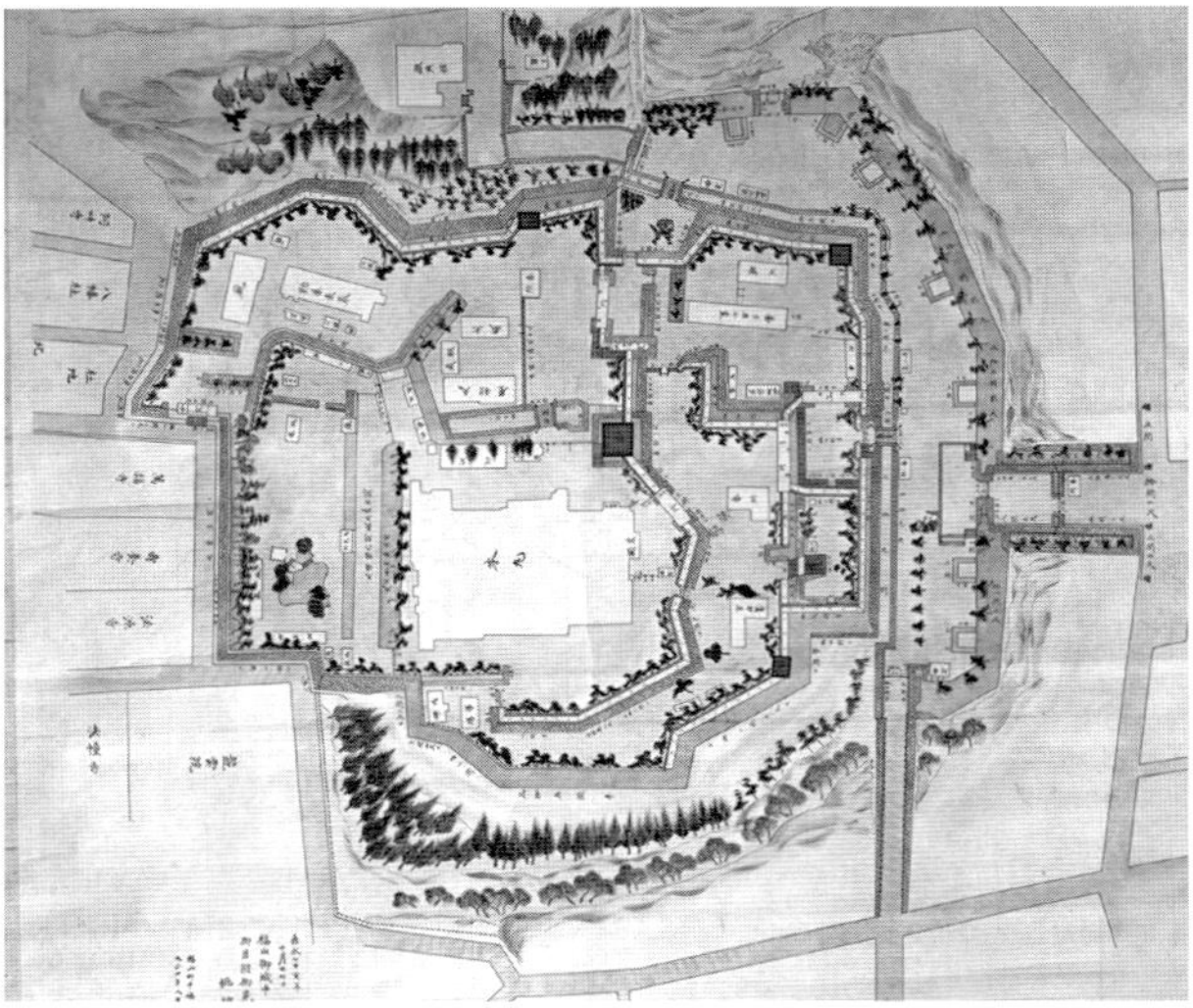

「福山城見分図」。海側（図の右手）に比べ、山側はいかにも手薄である。嘉永7年（1854）に描かれた元図を複写したもの（北海道大学附属図書館蔵）

計画する。

まず、松前藩を無城格から三万石の城持ち大名の格式とした。

次に、嘉永二年（一八四九）、幕府は松前崇広《たかひろ》に対し、北方警備を目的として新規築城を命じ、高崎藩の長沼流兵学者・市川一学《いちかわいちがく》による縄張りで松前城は築かれた。

こうして築かれた松前城は、日本式の城郭としては最後に築かれた城であるが、各所に西洋式の新しい技法も取り入れられているため、和洋折衷の城とも呼ばれている。

城地は福山館の南、なだらかで幅広い半島状台地の突端部を利用し、海に向かって下がっていく、階郭式の縄張りとなっている。三重の天守のある本丸と、海のある南側に二の丸・三の丸と雛壇式に曲輪が配され、十六の城門がある総面積約七万平方メートルの堂々たる城であった。

特に海方向に向けて設置された三の丸は、帯のような形の砲台陣地として築造され、七基の砲台が海に向け備えられていた。また、それ以外にも台場を九か所築き、三の丸と合わせ三十三門の砲が配備された（西ヶ谷恭弘編『国別城郭・陣屋・要害台場事典』東京堂出版）。

天守の壁には頑丈なケヤキ板を仕込み、さらには鉄板をはめ込むなど、まさに鉄壁の備えを誇り、松前城はさながら、異国船との戦のための要塞といった構造であった。

旧幕府軍との戦闘で敗北

戊辰戦争では、松前藩は新政府の側に立ち、松前城は、異国船を敵とするのではなく、築城を命じたはずの旧幕府軍と戦う（松前戦争）ことになる。

旧幕府軍は、城の東方三百メートルの法華寺に大砲を運び入れ、海上の幕府軍艦回天《かいてん》からの艦砲とともに城を砲撃。城の正面より彰義隊《しょうぎたい》を中心とした部隊が城門を攻め、松前藩兵の注意を引きつけた。

その間に、守衛新撰組と陸軍隊を率いた土方歳三が城の裏手より石垣を登って城内に侵入。背後より銃撃を受けた松前藩兵は潰走し、松前城はわずか数時間で落ちている。

海上の艦船に備えての城として築かれていたため陸戦を想定しておらず、城の北側のゆるやかな台地には、形ばかりの土塁と石垣を築いたのみで堀もないという手薄さで、独立した城としては設計ミスともいえるものであった。

これは、城の設計思想が海防のための砲台を主眼としたものであったからで、設計した市川一学の責任ではない。

一学は、地形から見て松山（松前）では海防に有効な城は築けないと主張し、函館山を城地とする計画を提案していたが、城下の商人らが反対し、それまで陣屋であった福山館を大規模拡張することになったのだという。

明治四年（一八七一）、廃藩置県の後は、城は放置され、明治八年には天守と一部の門などを除くほとんどの建物が取り壊された。天守は残され、その後国宝に指定されていたが、昭和二十四年（一九四九）に火災により焼失している。現在の天守は昭和三十六年（一九六一）に外観復原されたものである。

松前城の石垣には、松前戦争の折の弾痕が残されており、実際にここで戦闘が行われていたという歴史の事実を今に伝えている。

コラム　幕末偉才伝①

天下一の才人　佐久間象山

さくましょうざん（1811 ～ 1864）　松代藩士。思想家、兵学家。藩主真田幸貫より海外事情の調査研究を命じられ、江川英龍をはじめとする諸氏に学ぶ。江戸木挽町に塾を開き、西洋砲術をはじめとする西洋の学問を教えた。門人には、勝海舟、吉田松陰、坂本龍馬らがいる。写真は『幕末、明治、大正回顧八十年史』（国立国会図書館蔵）より

徳川幕府が開国を真剣に考えはじめたのは、幕府と外交関係のある清国が、アヘン戦争（一八四〇~四二）で英国に敗北し、香港島を割譲し、さらには五港を開港させられたうえ、莫大な賠償金を取られるという屈辱的な南京条約を結ばされた姿を見て以降である。

阿片戦争から遡ること半世紀の寛政四年（一七九二）、ロシアのアダム・ラクスマンが日本に通商を求めエカテリーナ号で根室に来航した。この時の幕府は、ロシアが紳士的に振る舞ったため、無事に長崎への入港許可証を交付したのみでロシア船を帰国させている。

この前年、元仙台藩士の経世論家林《はやし》子平《しへい》が『海国兵談』を著し、ロシアなどの海外勢力の脅威と海防の重要性を説いている。当時幕政を担当していた老中首座の松平定信はこれを発禁とし、さらには版木も没収して、子平には蟄居を命じている。

林子平の先見性は時代を先取りした非常に明敏なものであったが、国政は幕閣のみが行うという考えの松平定信により、子平の意見は封殺されてしまう。なお、林子

平は蟄居中の寛政五年（一七九三）六月二十一日、この世を去っている。狂死とも自死ともされるが、事実は不明である。

定信は決して暗愚な政治家ではなかったが、国内の洋化を激しく嫌悪し、蘭学者に圧力をかけ、田沼意次が進めていた蝦夷地開拓を放棄するなど、鎖国強化を図った政策が目立つため、現代では批判されがちである。ではあるが、海外情勢についてそれなりの知識はあったようで、海防の重要性を認識し、担当部署として海岸防禦御用掛（海防掛）を設置し、初代の海防掛に就いている。

海国兵談から五十年後

アヘン戦争の結果に恐怖した幕府は鈍いながらも対応を協議し、天保十三年（一八四二）、それまで常設ではなかった海防掛を常設とし、老中の土井利位《としつら》と信州松代藩の真田幸貫《ゆきつら》を任じている。なお、幸貫は松平定信の子で、真田家には養子で入り八代藩主となった人物。松平定信は徳川吉宗の孫であったが、その血脈を受け継いだ幸貫が当主となったことで、外様であった真田家は譜代扱いとなり、幸貫も老中に抜擢され幕政に参加することになる。

幸貫は、海防に対する危機感を持つ英明な大名の一人であったが、幸貫のその思想的背景を支えていたのは、松代藩士の佐久間象山であった。

このとき、象山は幸貫より顧問に抜擢されているが、海外事情をあらためて研究したうえで、いわゆる海防八策と呼ばれる意見書を提出している。

その内容を簡単にまとめると、大砲を大量鋳造し、要地に砲台を設置すること、軍艦を購入し、将来的には自国で建造すること、さらには乗員を訓練して海軍を育てるといったものであった。

ペリーが来航する約十年前に、すでに象山は的確な対応策を提示していることになるのだが、幕府がこれを採用することはなかった。

幕府がこの時点で象山の案に取り組んでいれば、少なくともペリーの黒船来航に慌てふためくことはなく、通商条約も公平な形で締結できたと思われる。しかし現実は、ペリー来航時に日本に有効な備えはなく、幕府は圧力に抗しきれない形で開国をしている。

佐久間象山という英才

象山は、西洋砲術で知られる伊豆韮山《にらやま》代官江川英龍《ひでたつ》に兵学を学んでいるが、英龍と象山とはあまり相性が良くなかったようで、残念ながら両者の関係は良好なものではなかった。

英龍は、修行に近い形で弟子に学問を伝授する、旧来の教育方法を踏襲していた。砲術などの知識も、人格的なものを身に付けさせたうえで伝授する形であったため、そのあたりが特に象山には不満であったようだ。

象山は、知識は隠すことなく公開するべきとの思考を持ち、門弟にも「知っていることは後進のために悉《ことごと》く伝授し、決して出し惜しんではならぬ」と教えていた（大平喜間多著『佐久間象山』吉川弘文館）。

他者に比べ、圧倒的に理解力が高く吸収力も早い象山にとって、知識を勿体ぶる師は好ましいものに思えなかったのであろう。彼にとっては、知識を伝える書物があればそれで事足りたのである。しかし、それは象山の頭脳が群を抜いたものであったからであり、決して英龍流の教育方針が間違いであったというわけではない。

象山は、傲慢で自信過剰な性格をしていたようで、周囲からはあまり好かれてはいなかったようである。

しかし、その実績には圧倒的なものがあり、当時の日本では、もっとも進歩的な知識人の一人であったことに違いはない。

西洋式火砲の鋳造、ガラス製造、写真機製作・撮影をはじめ、日本初の電信機を製造するなど、象山の先進性を物語る逸話はいくつもある。

また、その門下には、勝海舟、吉田松陰、河井継之助、橋本左内《さない》といった、幕末・明治を彩った様々な才人が集まり、象山の近代的思考を学んでいた。

坂本龍馬なども一度は象山の塾に名を連ねているが、塾に熱心に通った形跡はない。ではあるが、勝の弟子である龍馬は、象山の孫弟子ということにもなり、影響は確実に受けたはずである。

彼ら象山に影響を受けた男たちが、新しい日本、明治日本をつくり上げたと考えるのは、さほどに的を外してはいないだろう。

海防への熱い思い

嘉永五年（一八五二）、川路聖謨《かわじとしあきら》が大坂町奉行より幕府勘定奉行に抜擢され、さらに翌年に海防掛を兼務することになると、象山は聖謨に海防に関する意見を披瀝している。

その内容は、先般真田幸貫に示した海防八策を、さらに練り上げたもので、西洋式軍艦の建造と海軍創設、相模（神奈川）・安房（千葉）の砲台の改修、江戸城の東側に砲台を新設。海軍及び砲戦の訓練など、兵制の近代化を核とした堂々たるものであった。

象山にとって、近い将来、西洋列強が日本に圧力をかけて開国を迫ることは自明のことであったが、幕閣がそれに気づくのは、実際にペリーが黒船を率いて日本に来航して以降のことであった。

ペリー来航で象山の意見の正しさを改めて認識した聖謨は、象山に「国事において意見がある時は、幕府首脳部に取り次ごう」と約束し、象山はあらためて以前語った意見に加え、人材を海外に派遣すべきことを加えて協力を願っている。

しかし、この時の聖謨の立場では、鎖国政策を覆す海外への人材派遣という案には賛同できず、言葉を詰まらせたという。

その姿を見た象山は、直接老中首座の阿部正弘に意見書「急務十条」を提出したが、その主張が採用されることはなかった。

なお、ペリー来航後、幕府は品川沖に砲台として台場を建設しているが、これを担当したのは江川英龍であった。残念ながら予算の関係から規模が縮小され、この時に築かれた台場は、軍事的にはあまり効果的なものにはなっていない。

象山の師である江川英竜（1801 ～ 1855）の銅像と韮山反射炉（写真＝望月昭明）

させていただく。

ペリーが頭を下げた

さて、ここで象山に関する面白いエピソードを一つ紹介させていただく。

嘉永六年（一八五四）にペリーが横浜に上陸した時のこと。松代《まつしろ》藩は小倉藩とともに警護の任に当たっていたのだが、象山もまた、軍議役としてその場に赴いていた。

この時の松代藩の兵は、西洋式の最新の銃砲を装備していたのに対し、小倉藩の兵は旧式の火縄銃であった。その両者の違いは明らかで、松代藩は諸藩から一目置かれる立場となった。

これも、ペリー来航以前より象山が藩主を説得して最新の装備を用意していたからこそである。

ある時、ペリーが松代藩の陣屋前を通過したのだが、この時、なぜかペリーは象山に丁寧に頭を下げて挨拶をしたと伝わっている。この時、川路聖謨が象山に対し「日本人でペリーから会釈されたのは貴殿のみである」と言ったという。この時ペリーが会釈した理由はわかっていないが、当時としてはかなり大きな身長の象山（百七十センチ）が、威厳ある態度と派手な装束で佇んでいたため、特別高貴な人物であると判断されたという可能性はある。

日米の開国交渉においては、江川英龍が下田開港案を主張していたのに対し、佐久間は横浜開港を主張した。

下田は天嶮の要害であり、ここにアメリカの拠点を築かれてしまえば、これを陥落させることは難しく、なおかつ江戸への物流を脅かされてしまうので危険である。横浜であれば、陸兵の派遣が容易であるうえ、江戸に近いからこそアメリカの動静を観察することもでき、むしろ好都合であるとの考えである。

象山の意見は容れられることなく、この時は下田開港が決定しているが、象山の意見である横浜開港は、その六年後に実現することになる。

吉田松陰の師として入牢

長州の吉田松陰は、明治維新で活躍した多くの長州藩士の師として知られる存在であるが、佐久間象山はその松陰の師であり、彼に大きな影響を与えた存在であった。

その松陰が、ペリー率いる米艦への密航を企てこれに失敗すると、師である象山は、これをけしかけたとして連座の対象となり、ともに伝馬町の獄に入れられてしまう。二人とも死罪にすべきとの意見もあったようであるが、松陰の行動はあくまでも憂国の想いからのものであるとの判断から、最終的には蟄居の判決が下されている。

こうして、象山は貴重な時間を松代で蟄居して過ごすことになり、幕府は国内最高の頭脳を生かすことができないまま時が過ぎてしまう。

幕府に召され、将軍の指南役に

九年後の文久二年（一八六二）、すでに日本は開国し、幕府首脳の多くが象山の意見の正しさを認める時代となっていた。

二月十一日、将軍徳川家茂《いえもち》のもとに皇女和宮が降家し、これを機に、多くの罪人が赦免されることになる。鹿児島では西郷吉之助《きちのすけ》が赦免され、流罪先の奄美大島より鹿児島へと帰還している。ちなみにだが、両者を幕末の代表的人物として評価する、「東の佐久間、西の西郷」という言葉があるが、ともにその最期は不遇であった。

同年の暮れ、十二月二十九日にようやく象山も蟄居放免となり自由の身となっている。解放された象山のもとに、土佐藩、長州藩より招聘の使者が訪れているが、象山はこれを断り、松代藩へと戻った。

元治元年（一八六四）、京に滞在中の十四代将軍家茂より上洛が命じられ、これを受けて象山は堂々と京へと上っている。

家茂に召され、さらには徳川慶喜にもその識見を高く評価された象山の名声は大いに高まった。島津家の実質的当主の島津久光までもが象山を薩摩に招聘したいと考えるようになり、西郷吉之助が使者となり、度々象山のもとを訪問したが、象山はこの申し入れを断っている。

西郷は友人の大久保一蔵（後の利通）に、「学問と見識に於ては佐久間抜群の事に御座候共、現時に臨みては勝先生にもひどく惚れ申候」と書き送っている。

このまま、明敏にして博学な象山が将軍の相談役として活躍していれば、その後の日本はまた違った歴史をたどったのだろうが、歴史は象山に活躍の場を与えることはなかった。同年七月十一日、象山は山科宮邸を訪問しての帰宅途中、護衛も連れず、目立つ白馬に洋式の鞍を掛けてこれに騎乗しているところを刺客に襲われている。

海軍建設をいち早く主張した先見の明ある愛国者は、ようやく活躍の場を与えられたというその時に、わずか五十四年の生涯を閉じている。その無念はいかほどであったことだろう。

なお、象山の意思を継いで海軍建設を実践したのは、象山門下の勝海舟である。海舟が育てた海軍は、後に日清・日露の戦いで日本を守り通すことに成功している。

第二章

回天

歴史を急展開させた西の雄藩

［山口県］

積年の思いを原動力に

萩城・山口城

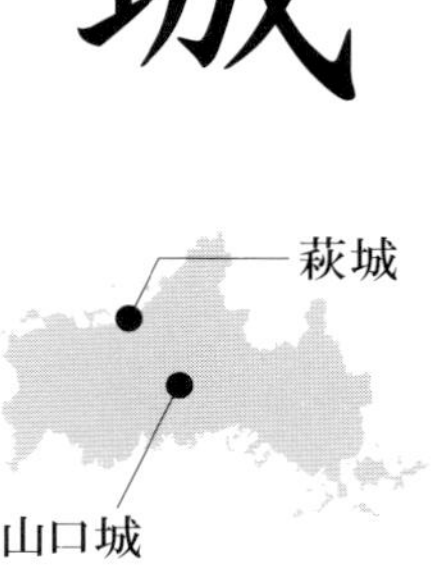

小説家司馬遼太郎が明治維新を描いたとき、彼は、長州藩、薩摩藩にくすぶる関ケ原の戦いでの悔しみが、その底流にあると喝破した。

関ケ原の戦いを実質的に主導したのは、豊臣家のエリート官僚であった石田三成であった。三成は豊臣秀吉の死後、豊臣家に叛意を抱く徳川家康を討ち果たすべく挙兵し、これに当代一の知恵者安国寺《あんこくじ》恵《え》瓊《けい》が賛同。この恵瓊が西国の雄、毛利百二十万石の当主である毛利輝元を三成方の西軍に引き入れ、輝元を名目上の総大将として関ケ原の戦いは行われた。

武運つたなく石田三成ら西軍主力は破れ、大坂城

長州藩山口城（山口政庁跡）。表門と水堀の一部が現存する（写真＝［一社］山口県観光連盟）

で豊臣秀頼を守っていた輝元は、無傷の毛利全軍を率いて大坂城に籠城した。その後、家康と交渉を続け、毛利家の所領安堵の約束を取り付けてから、ようやく大坂城を退去している。

輝元が退去した大坂城には家康が入り、家康はすぐさま輝元との約束を反故にして、毛利家の中国八か国の領地のほとんどを召し上げ、わずかに長門・周防二か国三十万石のみを安堵し、毛利家を本州の最西端へと追いやっている。

それまでの輝元の居城は、新しく築城したばかりの広島城であった。同城は聚楽第を模して築かれたともいわれる美しい城で、大坂城に次ぐ名城との評判を受けていたが、その広島城を手放して、僻地へと転封した輝元の落胆は、いかばかりであったろう。

苦難と憎しみの萩築城

これはあくまでも伝承レベルの話であるが、江戸時代の毛利家では年頭の儀式として、毎年元旦に同じ問答が行われていたとされる。

家老が毛利家当主に、徳川幕府追討の用意ができた旨を伝えると、当主は静かに「まだその時機にあらず、時を待つべし」と答える。この儀式が実際に幕末まで続けられていたというのだが、それほど毛利家の徳川に対する恨みは強かった。その思いは藩主だけではなかった。大名の所領が減らされてしまえば、家臣に旧来の家禄を与えることは不可能である。毛利家では、家臣を切り捨てることなく望む者全員をそのまま召し抱えたが、その禄高は五分の一とされ、毛利主従は揃って苦難の日々を送ることになる。

　広島城を失った輝元は、防長二か国の政庁とすべく新規築城の許可願いを出し、その城地候補として防府・山口・萩を提案した。

　山口は、大内氏の時代にその拠点として栄えた地で、毛利家が支配して後も防長二国の中心として重要視されていた土地である。防府もまた周防の国府として発展した土地で、瀬戸内海に面して交通の便も良く、商業も盛んな土地であった。

　一方、日本海に面した萩は僻地の寒村で、候補地の中ではもっとも拠点にふさわしくない土地であるように思えたが、幕府は萩を城地として指定し、これにより萩が長州藩の国府と決定した。

　こうして、萩城は慶長九年（一六〇四）に着工され、慶長十三年に完成したのだが、徳川家への配慮と資金難から、規模はさほど大きなものではなかった。

　日本海に張り出した指月山《しづきやま》に、詰めの城としての本丸、二の丸を置き、山麓の平地に実質的な本丸である天守曲輪を、前面を堀と石垣、背後を指月山で守る形で配置した。さらにその外周を二の曲輪、三の曲輪と囲んでいる。典型的な平山城であるが、満潮時には海水が石垣にまで迫り、海城としての性格も併せ持ち、このあたりは、広島城を築いた技術がふんだんに活かされたものと思われる。

　城の北と西は、菊ヶ浜と西の浜で日本海に面し、南は橋本川を天然の堀としている。実質的には、萩城の築かれた中州全体が城としての機能を持ち、阿武川と、阿武川から分流して東に流れる橋本川が総堀の役目を果たし、この二つの河川が最大の防衛線であると思われる。

　立地としてはかなりな辺境ではあるが、要害としての萩城は、小さいながらも実戦的なとても良い城である。山麓に居館を置き、背後の指月山に詰めの

萩城天守台跡。右手後ろの山は、詰めの城である指月山（写真＝望月昭明）

城を持つという構造は、中世の築城スタイルである。

萩城は、豊臣時代に成熟した近世城郭の技術を用いて、それを見事に完成形として結実させた名城である。河川を有効に利用し、厳しい防戦に耐えうる極めて実戦的なその構造は、まさしく毛利氏の徳川家に対する忸怩たる思いの結晶であろう。

山口城への拠点移動

萩城は、毛利輝元が幕府への怨念を込めて築いた城であった。しかし、幕末になるとその立地の不便さと防御力への不安から、藩庁機能は山口へと移され、同時に多くの建物・資材が山口城に転用されている。

萩城は、中世から江戸初期までであれば、城として十分に機能する構造であったが、大砲と軍艦の発達した幕末では、立地的に軍艦による攻撃に対して完全に無防備な存在となっていた。いくつもの砲台を築き、最新の大砲を大量に装備したとすれば、軍艦からの攻撃にも多少は対抗することが可能であろうが、それはコスト面から考えて効率的ではなく、

長州藩初代藩主、毛利輝元（1553～1625）銅像（写真＝望月昭明）

最新の火砲の入手方法もない以上、その方法は現実的ではない。実際、藩庁を山口に移していたことが幕府による長州征伐では有効に働き、長州藩は滅亡を免れている。

山口は、先述したように、当初毛利輝元が拠点の候補にした土地で、防長二か国の中心にある同地は、長州藩の藩庁の地としてふさわしい土地であった。

この山口への移動は「山口移鎮《いちん》」と呼ばれているが、藩主毛利敬親《たかちか》は当初、日帰りの湯治のために山口にしばらく逗留するという形を取り、文久三年（一八六三）四月十六日に山口入りし、萩から順次家臣を移し、五月になってようやく幕府に藩庁の移転を申し入れている。

徳川家は、幕府を開いて以降一国一城令を徹底し、城の新規築城はおろか、改修にも厳しく干渉した。安芸広島の福島正則などは、台風で崩れた広島城の石垣を修理したことを主な理由として改易とされているほどで、本来、この山口への藩庁の移転は、許されるものではなかった。

この頃、幕府は朝廷の圧力に屈し、できるはずもない攘夷を約束し、五月十日をその決行の日として公布していた。

敬親はこれを利用し、萩では異国船からの砲撃に耐えられず、幕府による攘夷決行の指示に従うことができないとして、幕府に移鎮を認めさせている。幕末、幕府が弱体化していたからこそ可能になったことなのだが、幕府はこれを苦々しく思っていたようで、第一次長州征伐の後の講和条約として、山口城の破却を命じている。なお、この時の破却は、幕府が派遣した巡検使一行を長州藩は温泉に案内し、酒と御馳走、女で盛大に接待し、瓦数枚をはぎとる

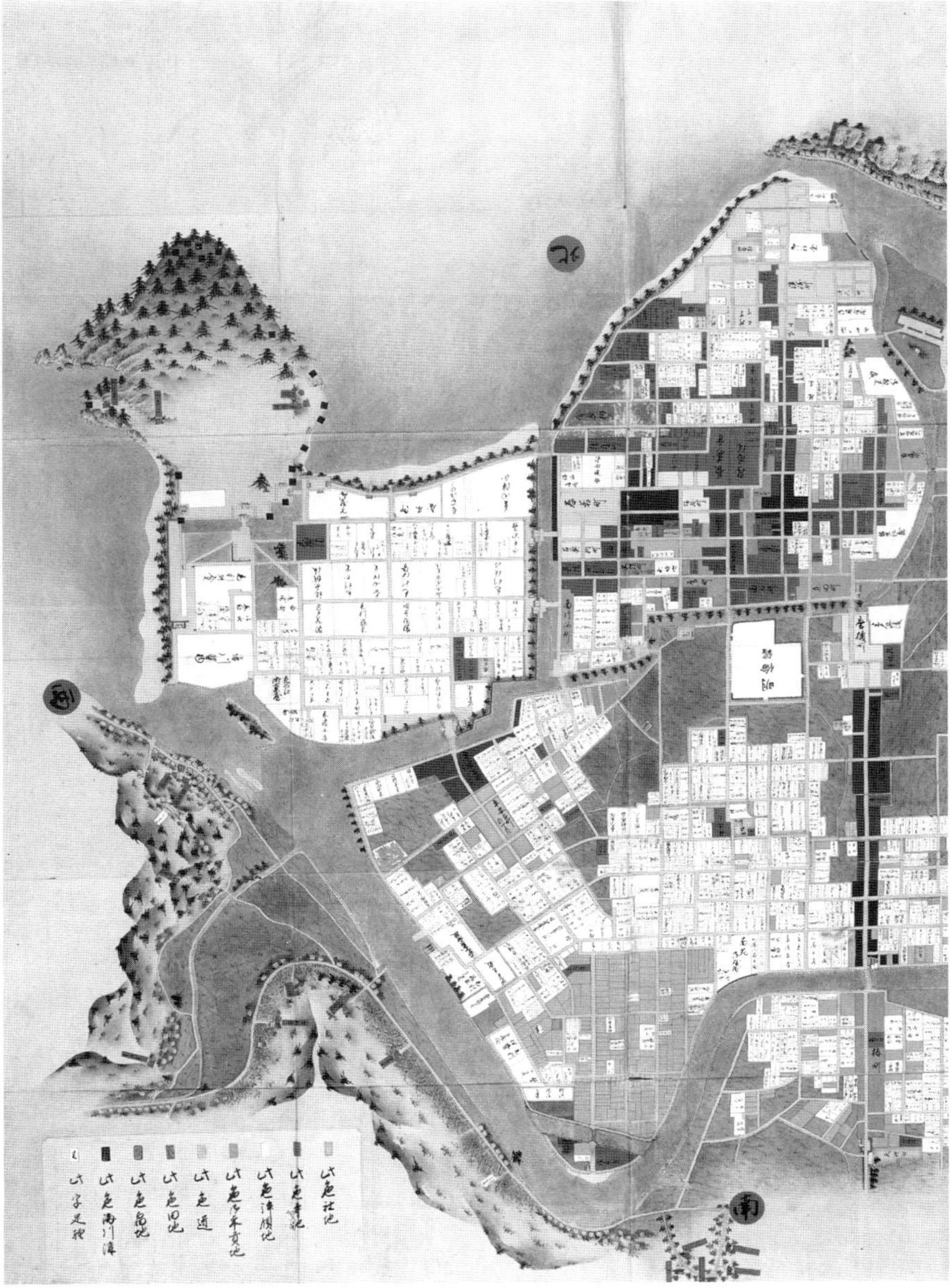

「萩御城下絵図」（慶応元年）。左上部の海に突き出た部分が萩城（毛利家文庫・山口県文書館蔵）

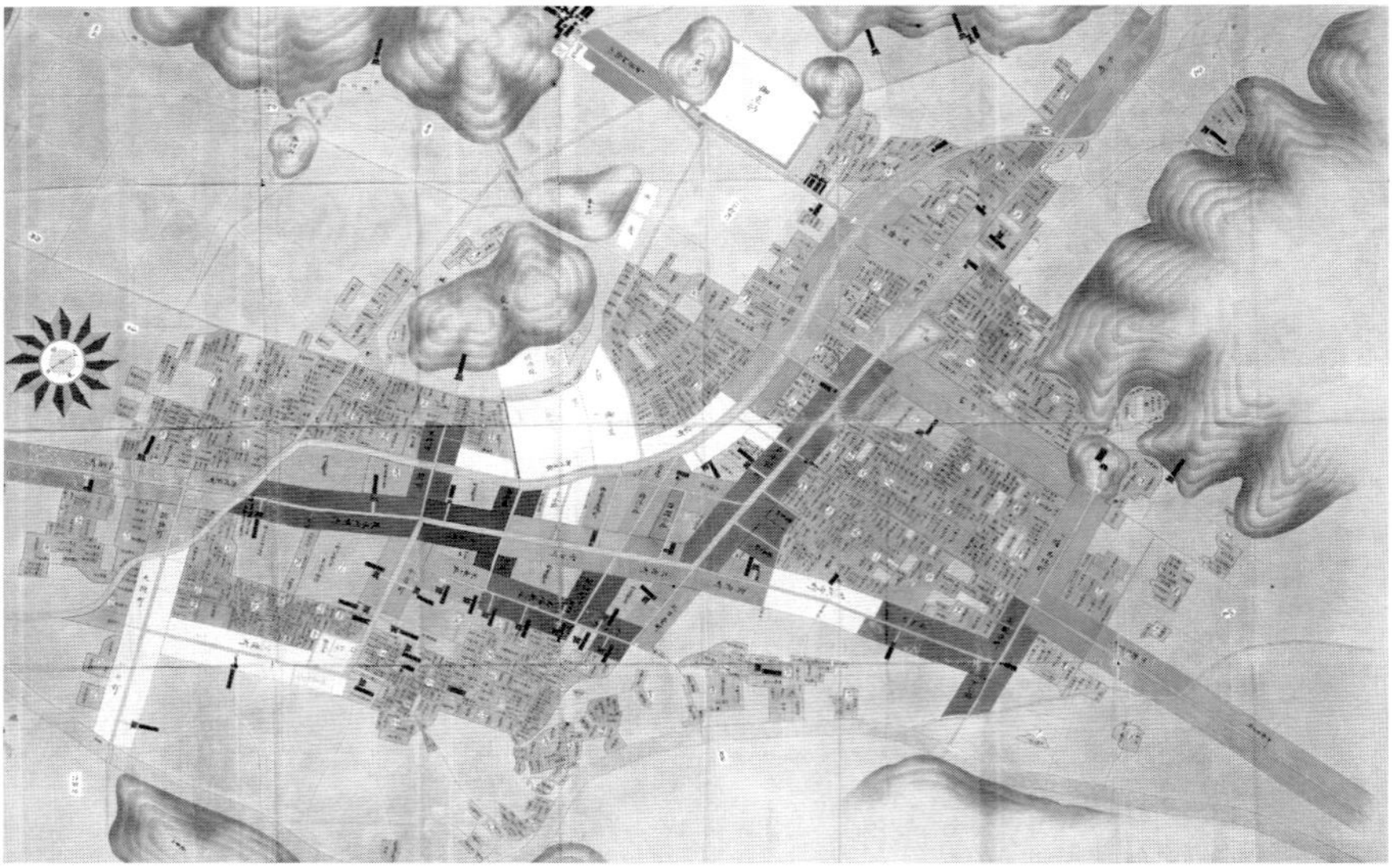

「幕末山口市街図」（山口県文書館蔵）。図の上部の山のふもとにある白い部分が山口城

などのわずかばかりの破壊のみで許された。このような官僚の腐敗は、幕府が衰えていることの証明であり、同時に衰えた理由の一つでもある。

山口城は、公式には城ではなく、山口政庁・山口政事堂・山口藩庁などと呼ぶべきもので、天守もなく、わずかに南と西に堀があるのみの、小さな平城である。しかし、城下は軍事の天才大村益次郎と、長州藩士に洋式砲術を指導した中島名左衛門《なざえもん》の都市計画により築かれており、本丸部分のみで山口城を評価することは、あまり意味がないものと思われる。ちなみに関門海峡の台場を設計したのも中島名左衛門である。

城の北側と西側には丘陵があり、それらには大内氏時代の古城があり、有事には詰めの城として活用が可能である。平地には、いくつもの小高い丘があり、それらは台場としての活用が可能であり、山口城は城下全体が要塞群といった構造であった。おそらくだが、中世型の籠城は想定せず、山口城は指揮所兼補給拠点といったものとして考えられていたものと推測される。

長州藩の明治維新

明治維新を主導した長州藩であるが、その原動力は、関ケ原以来の幕府への恨みと、毛利家の尊王精神にあった。

毛利家は、平安時代の下級貴族大江広元《ひろもと》を祖とする家系で、代々朝廷への尊崇の思いが厚く、戦国期においても朝廷との交流は絶えることなく続けられていた。関ケ原の戦いで敗北し、防長に追いやられて後も、毛利家と朝廷との良好な関係性は継続した。そのため、毛利家は他の大名家とは異なり、朝廷に直接つながりを持つ家として、常に勤皇家としての立場を守り続け、幕府への忠誠心はいっこうに生まれることはなかった。幕末、毛利家が朝廷と関係を深めることができたのは、そのためである。

なお、長州藩は江戸期を通じてその領内を開墾して農地を広げ、慶長十五年（一六一〇）の時点での内高は五十三万九千石ほどもあったという。当然、幕末にはこれ以上の数字となっていたはずである。その上、長州には塩、紙、蠟という特産品があり、これらは「防長三白」と呼ばれていた。

長州では石炭が産出し、他藩ではほとんど用いられていなかった石炭を燃料に用いることで、塩の大量生産が可能となり、その生産高は三十六万石にも達したという。石炭の利用は、サトウキビからの砂糖の精製にも用いられ、これも藩の財政を潤した。

日本全体の経済活動が活発になると、日本海と瀬戸内海を結ぶ馬関海峡の重要性が増大し、門司をはじめとする長州の港は国内有数の賑わいを見せ、これら三白も、港から日本全国へと出荷され、長州藩は大いに利益を上げていた。

こうして、長州の経済力は百万石と言われるほどに増大した。幕末に、欧米から銃器を存分に買い付けることができたのも、この潤沢な資金があってこそであった。

馬関戦争と長州の台場群

山口移鎮のきっかけとなった、文久三年（一八六三）五月十日の幕府による朝廷への攘夷断行の約束は、幕府としては名目だけの空約束のつもりに過ぎなかったのだが、長州藩はこれを実行し、支藩である

木戸孝允（桂小五郎）（1833 ～ 1877）。『近世名士写真』（国立国会図書館蔵）より

長府《ちょうふ》藩とともに、関門海峡を通過しようとする米国商船ペンブローグ号を砲撃している。二十三日には、関門海峡を通過しようとしたフランス軍艦キンシャン号を、櫛崎《くしざき》の城山台場から砲撃。これを合図に関門海峡に設置された諸台場も攻撃に参加した。この砲撃でキンシャン号にはわずかばかりの被害があったが致命傷にはならなかった。

二十六日、オランダ軍艦メデューサ号も長州藩からの攻撃を受け、死者四名を出している。

横浜に係留中のアメリカ軍艦ワイオミング号にペンブローグ号が攻撃された事実が伝えられると、ワイオミング号は長州藩を攻撃すべく出航。六月一日には関門海峡に到着し、長州藩所有の帆船二隻を沈め、一隻を大破している。

さらにフランス軍艦やオランダ軍艦なども長州藩と交戦し被害を出しているが、旧式の砲では致命傷を与えることはできず、逆に長州側の台場群の被害の方が甚大であった。

四か国連合艦隊による長州攻撃

元治元年（一八六四）八月四日、アメリカ、オランダ、フランス、イギリスの四か国は、軍艦十七隻、補給艦一隻を長州に派遣し、長州の台場を攻撃した。これら軍艦に搭載されていた砲数は、合計で実に三百九門。しかも、ほとんどの艦が最新の蒸気スクリュー船で機動性もよく、高性能のアームストロング砲を搭載する船も多く、その攻撃力は絶大であった。

対する長州側は、合計十一の台場と複数の陣所に百十五の旧式の砲を装備し、奇兵隊を中心に約二千ほどの兵で守っていたが、長州藩主力は京都に派遣

壇之浦台場跡。馬関戦争では、連合国の艦隊から砲撃を受け徹底的に破壊された（写真＝治部左近）

されていて、いかにも戦力不足の状態であった。

八月六日、未明の壇之浦台場の発砲が合図となり戦闘に突入。圧倒的な火力の差により、数時間で長州側の台場は沈黙し、午前九時には海岸に近い台場への連合軍の上陸が開始され、長州軍は抵抗することもできずに陣所や台場が次々と占拠されていった。翌七日にはすべての台場と陣所が占拠され、馬関戦争は長州藩の完全敗北に終わっている。

幕末、異国船を脅威と感じた幕府は、日本全国の主要な沿岸部に台場築造を諸藩に命じ、あるいは幕府自身で築造し、その数は合計で一千か所近くにまで膨れ上がったという。

これらの中で、実際に戦いに用いられたのは、この関門海峡の台場と、薩摩の台場、浦賀の台場の一部、函館の台場の一部のみであった。そこに費やされた費用と労力は、果たして有効であったのかどうか。

長州はこの後、幕府による二度にわたる討伐を受けるのだが、木戸孝允を中心とした長州軍は、第二次長州討伐では幕府軍に勝利している。長州に敗北して講和を選んだ幕府は、その権威を失墜させ、滅亡への道を歩むことになる。

［熊本県］

堅固なる事、日本一

熊本城

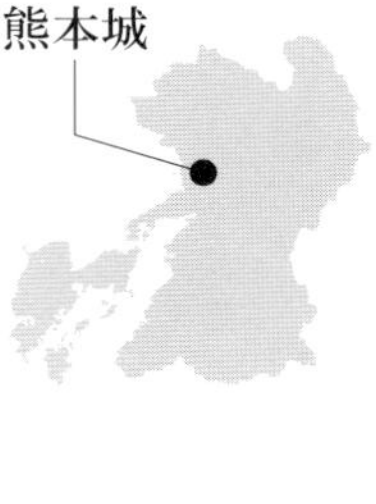

平成二十八年（二〇一六）四月十四日、熊本県と大分県に、文字通りの激震が走った。最大震度七に達する激しい地震が二度、さらに震度六強が二度、六弱が三度、さらに無数の地震が十四日以降同地を襲い、多くの家屋に甚大な被害をもたらした。

熊本市の象徴である熊本城も被害を受け、天守の瓦が落下し、宇土櫓、戌亥櫓、飯田丸五階櫓ほかあらゆる櫓に被害が及び、東十八間櫓と北十八間櫓は完全に崩壊した。

石垣は各所で倒壊し、全長二百四十二メートルを誇る長塀も、百メートルに渡って倒壊した。

熊本城大天守・小天守（復原）。清正流の石垣の上に建つ。震災前に撮影された写真（写真＝熊本県）

修復費用は石垣のみで三百五十四億円はかかるとされ、全体ではどれだけの予算が必要となるのか、試算すらできない状態であるという。

見るに耐えない無残な姿となった熊本城ではあったが、少しずつではあるがようやく再建がはじまり、ライトアップが復活した天守は、熊本復興のシンボルとして、市民の心の支えとなっている。

日本一の名城・熊本城

さて、城郭の日本一というものがあるとすれば、いったいどの城がその栄冠を射止めるのだろうか。東西の横綱は、規模から考えても、江戸城と大坂城ということになるだろう。

構造物の保存度と完成度であれば姫路城あたりが有力であるし、侘びた風情ということであれば、近年人気の但馬の竹田城あたりも高い評価を得るものと思われる。

しかしながら、城の価値というものは、なんといっても堅固さにあるべきで、そうであれば肥後の熊本城は、日本一の有力候補の一つとなろう。

加藤清正（1562 ～ 1611）肖像。栗原信充画『肖像集』（国立国会図書館蔵）より

さて、その熊本城であるが、この地に最初に城を築いたのは、九州の名族、肥後菊地氏の一族である出田《いでた》秀信といわれ、茶臼山の東端に築いた千葉城が、熊本城の前身とされる。

時代は文明年間（一四六九～八七）と考えられているが、はっきりとはしない。なお、現在では千葉城町と城下の地名にのみその名残りがある。

出田氏が衰えると、菊地氏は鹿子木親員《かのこぎちかかず》に新しく城を築かせている。この城は隈本《くまもと》城と呼ばれ、場所は茶臼山の西南麓、現在の古城町のあたりにあったとされるが、どの様な城であったのか、詳細は不明である。

戦国時代に入ると九州では激しい戦乱が続き、菊池氏、大友氏、島津氏、龍造寺《りゅうぞうじ》氏などが熾烈な争いを繰りひろげた。

一時期九州最大の勢力を誇った大友氏は、菊地氏をも自家に取り込み、隈本城のある地域も支配下に置いた。大友義鎮《よししげ》の時代、隈本城には家臣の城親冬《じょうちかふゆ》を入れて統治するも、大友氏の勢力が衰えると城氏は島津氏の家臣となっている。

加藤清正による熊本城築城

豊臣秀吉の九州征伐では、圧倒的な秀吉軍の前に隈本城は抵抗することなく早々に秀吉軍に引き渡されている。

九州を制圧した秀吉は、肥後一国とともに隈本城を佐々成政《さっさなりまさ》に預けるが、成政は検地の強行など無理な統治をおこない、国人一揆を引き起こして、その責を負って切腹。その後、肥後の北半分は加藤清正に与えられ、清正は天正十六年（一五八八）よりこの隈本城に入り、肥後半国を統治している。

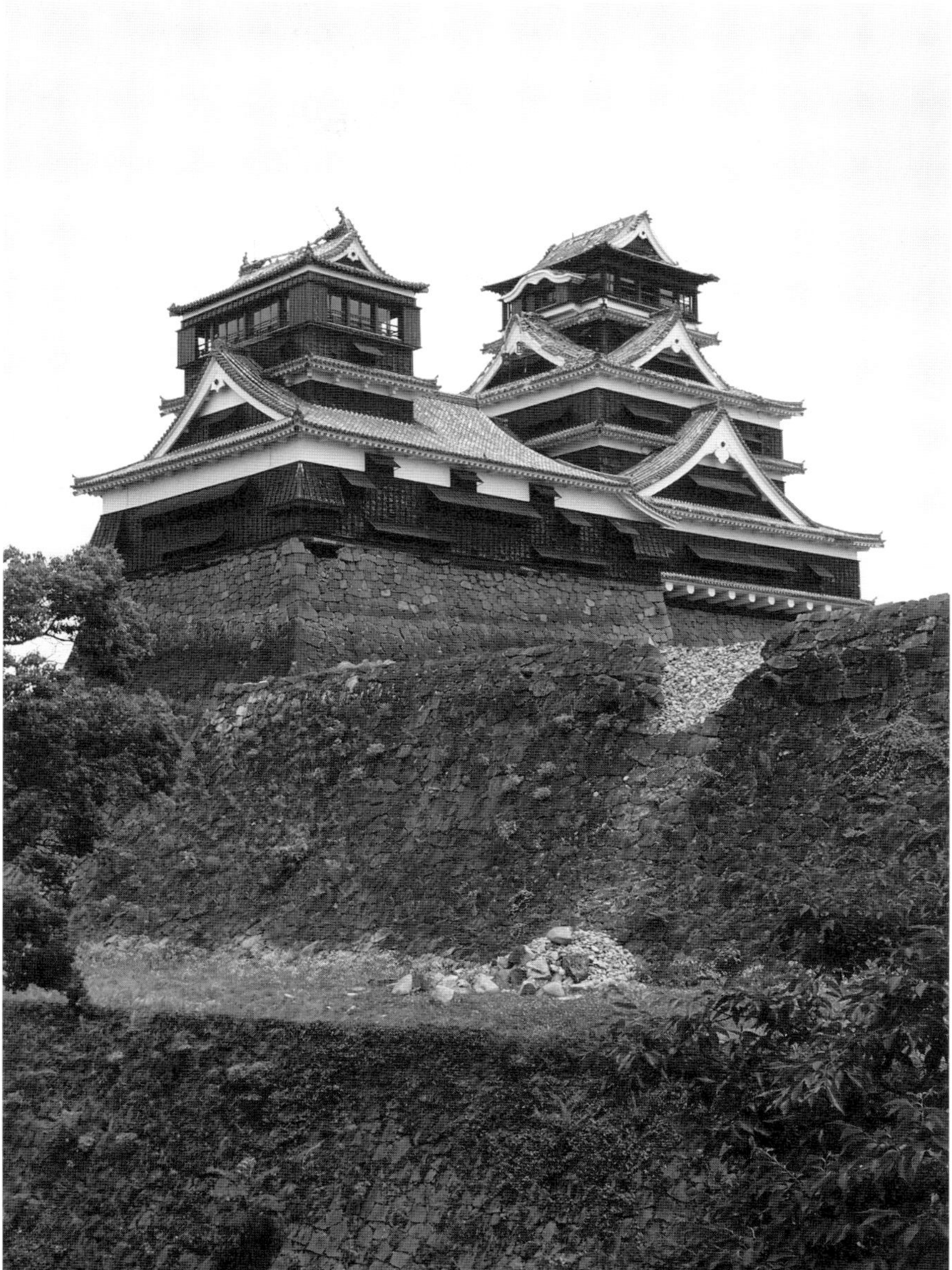

平成熊本地震により、多数の櫓や石垣が被害を受けた。修復はいまなお続いている（写真＝望月昭明）

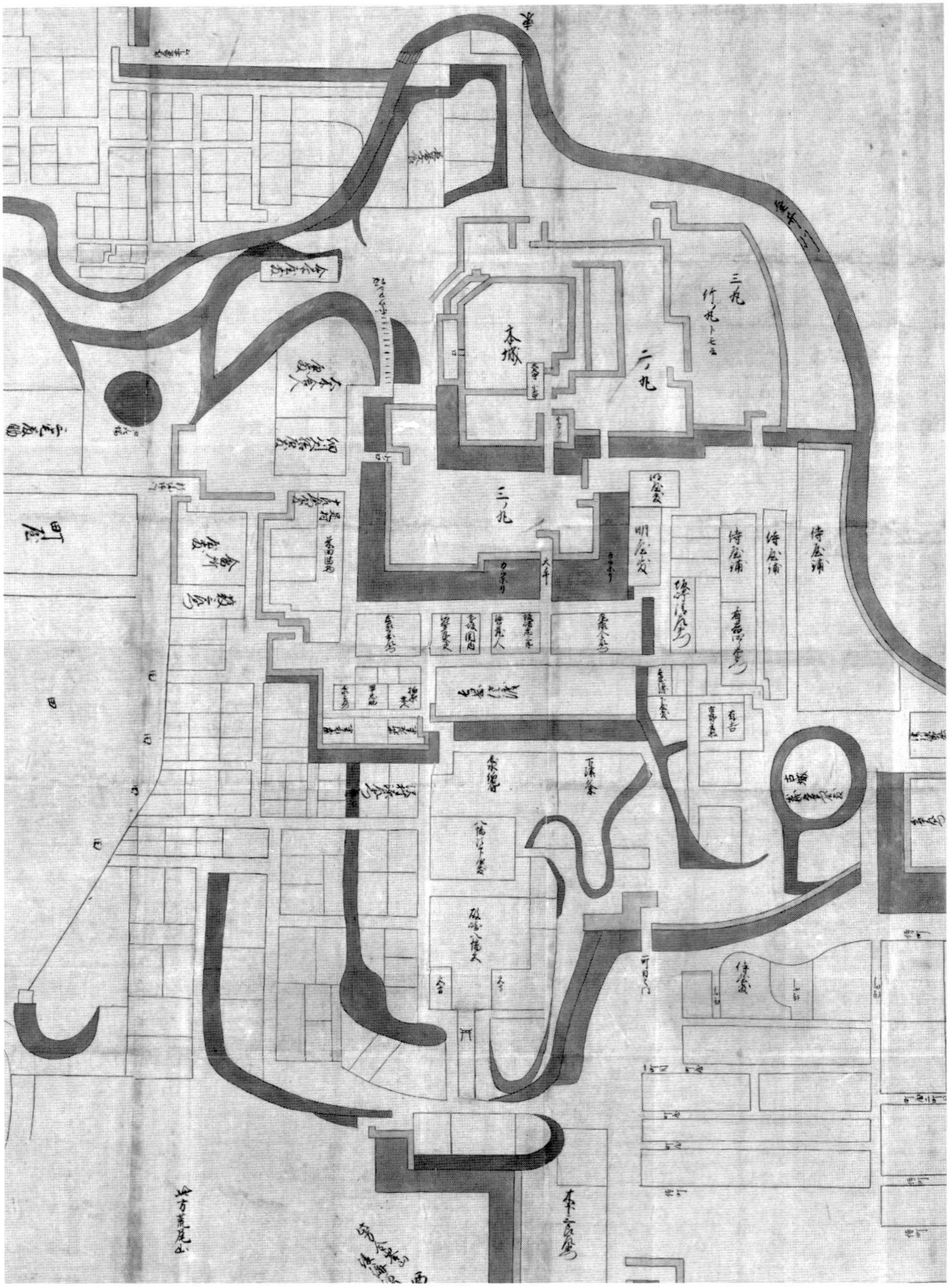

「肥後熊本城之図」。鉄壁の守りを誇る熊本城の縄張り。『日本古城絵図』（国立国会図書館蔵）より

築城400年記念として平成20年（2008）に復元された本丸御殿の昭君之間（写真＝熊本県）

清正は、千葉城・隈本城が築かれていた茶臼山丘陵の全体を城とすべく、大規模な工事を行っているが、その着工時期はわかっていない。

着任二年後の天正十八年（一五九〇）着工説と、慶長六年（一六〇一）着工説が主たる説だが、加藤清正書状には、慶長五年に天守が成るとの文言があり、さらには慶長四年の銘のある瓦が出土していることから、少なくとも慶長六年以前に工事は始まっていたと考えるべきである。

清正が肥後に入って後、落ち着いてすぐに城の普請を始め、朝鮮出兵もあって、そこそこの形で一旦工事を止めたといったところであろうか。

秀吉の死後、朝鮮から帰国した清正を待っていたのは、徳川家康と石田三成の対立という不安定な政治情勢である。

徳川との戦いを前提として強化

関ケ原の戦いの後、家康に味方した清正は肥後一国を与えられ、一国の太守にふさわしい城を築くべくさらに城を強化。この時期、家康が豊臣家から天

『鹿児島征討記内　熊本城ヨリ諸所戦争図第弐』大蘇芳年画、明治10年（1877）。凄惨な戦闘を活写。左上隅に馬上の西郷隆盛が描かれている（国立国会図書館蔵）

下を完全に簒奪するのだが、豊臣家に対して強い忠義心を持つ清正は、最悪の場合を考えつつ、この熊本城を築いていた。

それは、豊臣秀吉の遺児である秀頼をこの城に迎えて、天下の軍勢と戦うという高邁で悲壮なものであった。

肥後一国五十二万石という清正の巨大な領土は、治山治水、新田開発によりその実高を数十万石ほど上乗せされていたと思われ、さらには清正が南蛮貿易に積極的であったことで、資金は潤沢であった。

熊本城が一大名の城としては過剰なレベルの規模を誇るのは、その豊富な資金と、清正の豊臣家を守りたいという強い想いによるものなのだろう。

ちなみに熊本城の本丸御殿大広間には、昭君《しょうくん》之《の》間《ま》と呼ばれる特別なあつらえの、格式の高い部屋があるのだが、これは秀頼を迎えるための部屋であったと考えられている。

西南戦争でその真価を発揮

清正が天下の軍勢を相手に戦うつもりで造った熊

本城は、合戦を経験することなく明治を迎えているが、その明治に入って後、国内最後の内戦である西南戦争で、その真価を発揮することになる。

城を守るは、明治政府軍である素人同然の鎮台軍約四千。攻めるは最強の士族集団薩摩軍の一万四千。鎮台軍の火器装備がいかに優秀であったとはいえ、彼らのほとんどは農民や町人上がりで、さほどの訓練を受けていない素人集団。その鎮台軍が城を守り抜けたのは、熊本城の堅固さゆえであった。

熊本鎮台長官・谷干城《たにたてき》は、この素人集団を率いて攻勢に出るのは不可能と判断。籠城を続け、明治政府軍の到着を待つ作戦を取っている。この谷を補佐したのは児玉源太郎。後年、日露戦争で活躍する名将であるが、児玉は動揺する部下の心をよく掌握し、なんとか彼らを混乱させることなく指揮して戦い抜くことに成功した。

谷干城（1837～1911）肖像。『近世名士写真』（国立国会図書館蔵）より

薩摩軍は鎮台兵を軽んじ、桐野利秋などは、「熊本城はこのイサラ棒（青竹）で一叩きごわす」と豪語した。彼らは、鎮台兵は投降して仲間に加わると考えていたようである。

しかし砲火力が貧弱な薩摩軍は、三日間攻勢をかけても熊本城を落とせないことで、短期攻略をあきらめて作戦を兵糧攻めに変更。政府軍に備えて三千の兵のみを熊本城の押さえに残し、主力を別方面に転進させている。薩摩軍主力は、各所で政府軍に敗北し、熊本城包囲の薩摩軍も撤退している。薩摩軍を率いた西郷隆盛は、自害する直前、「官軍ではなく清正公に負けた」と一言残したという。

日本が近代化する直前、日本一の名城熊本城で最後の攻城戦が行われた。豊臣秀頼を守るべく加藤清正が築かせた美しい城は、薩摩軍を寄せ付けず、日本という新しい国の未来を守り抜いた。

［佐賀県］

ハイテク武装中立派

佐賀城

佐賀といえば「佐賀の化け猫騒動」が有名であるが、その根源にあるのは、龍造寺隆信の家臣であった鍋島直茂が、隆信の死後にその領地を継承して大名になったという特殊なお家事情である。

龍造寺氏滅亡の危険

鍋島直茂は龍造寺氏の重臣で、主家である隆信にとっては従兄弟であり義弟であった。永禄十二年（一五六九）、龍造寺氏は大友宗麟により、本拠の佐賀城（村中城）を攻められる。わずか百数十の兵で

佐賀の乱で、佐賀城のほとんどが焼失した。「鯱（しゃち）の門」は数少ない現存建造物（写真＝佐賀県観光連盟）

籠城した龍造寺勢であるが、鍋島直茂の指揮のもとよくこれを防ぎ、和睦にこぎつけている。

翌元亀元年（一五七〇）、大友宗麟は、あらためて佐賀城へと兵を進めている。九州最大の勢力を誇る宗麟は、六万とも八万とも呼ばれる大軍を率いて龍造寺の領土に攻め込み、佐賀城を完全に攻囲。

迎える龍造寺勢は五千の兵を集めるのが限界であったが、前年に大友氏の侵攻を防いだ龍造寺勢の士気は高く、佐賀城は大友勢の攻撃を防ぎ続けた。

宗麟は、いつまでも落ちない佐賀城に業を煮やし、弟であり佐賀攻めの大将である大友親貞《ちかさだ》へ援軍を送り、力攻めによる総攻撃を命令。

親貞は、攻撃予定日の前日に前祝として祝宴を張り、大友全軍が明日の勝利を肴に酔い痴れていた。これを察知した鍋島直茂は、今こそ奇襲すべきと隆信に進言。隆信がこれに反対するも、直茂は無視して出陣する。

奇襲を受けた大友勢は混乱し、大将である大友親貞が討たれ、総崩れを起こして敗走。宗麟は弟を討たれたショックもあり、まだ余力があったにもかかわらず、佐賀侵攻をあきらめている。

鍋島直茂、大名に

天正十二年（一五八四）、沖田畷《おきたなわて》の戦いで龍造寺氏は島津氏に破れ、この戦で龍造寺隆信が討死。龍造寺政家が家督を継承するも、政家は病弱で大名としての資質に欠けていたため、叔父の鍋島直茂が実務を代行することに。

中央の豊臣政権との窓口も直茂が担当し、直茂は秀吉にその人物を認められて佐賀を差配することになる。この時、あらためて秀吉より龍造寺家からの禄とは別に所領を認められ、この時より独立した大名としての立場を得ている。

龍造寺政家は肥前七郡三十二万石を安堵されるも、秀吉の命で隠居となり、実権は完全に鍋島直茂に移譲された。

関ケ原の戦いでは、直茂は東軍として動き、その功により徳川家康より所領を安堵されている。こうして、家康もまた直茂を肥前の太守として遇することになる。

龍造寺政家の嫡男高房《たかふさ》は、実権を奪われていることでストレスを受け、乱心して自殺未遂を起こし、その後も奇矯な振る舞いを続け、幕府と鍋島家にあてつけるようにして死んでいる。同年に政家も亡くなり、龍造寺宗家は断絶した。この鍋島のお家騒動があって、「佐賀の化け猫騒動」という物語が生まれたのである。

鍋島家への忠義が優先

こうして佐賀藩は、龍造寺氏の領土と家臣をそのまま鍋島氏が受け継ぐ形で江戸時代を迎えている。こうした特殊な事情もあり、同藩には一種独特な精神性が育まれた。

佐賀藩二代目当主である鍋島光茂の家臣、山本常朝の『葉隠』には、「武士道といふは死ぬ事と見付けたり」という言葉がある。これは、武士は常に緊張感を持って生き、主家のためには死をも厭わずに奉公するという意味であるが、ここでの主家とは鍋島家を指し、鍋島家への絶対的忠誠が語られているのである。

武士であれば当然と思うかもしれないが、これはそう単純な話ではない。佐賀藩の武士は、あくまで

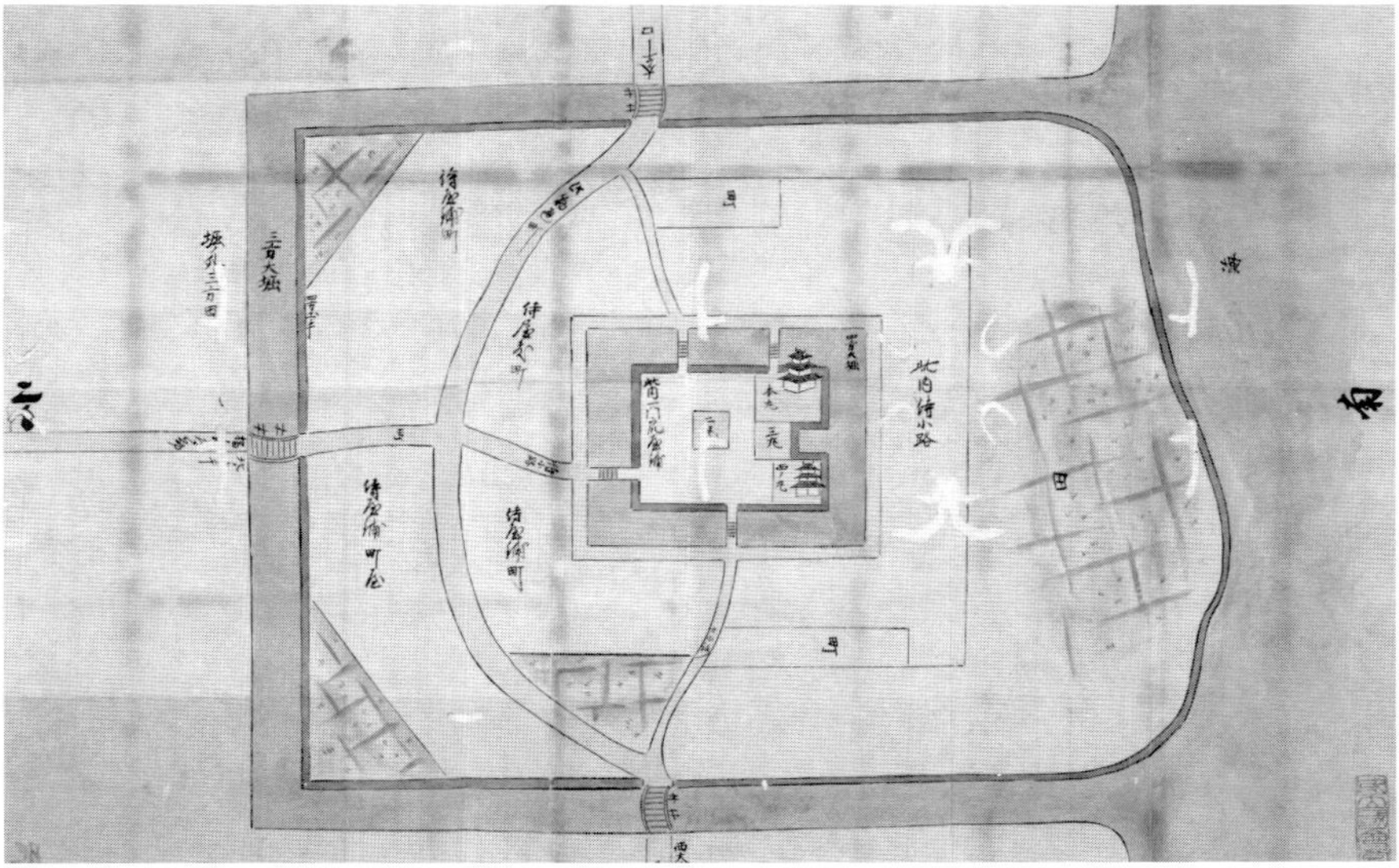

「肥前国佐賀城図」。『日本古城絵図』（国立国会図書館蔵）より

も鍋島家にのみ忠義を貫くのであって、それは旧主家である龍造寺でも、天下人の豊臣秀吉でも、将軍徳川家康でも、京におられる帝でもないということである。

　これを徹底していた佐賀藩には幕末になっても尊王思想はあまり育たず、将軍家への忠義という発想もなく、佐賀藩士はただただ鍋島のお家一筋で、ぶれることなく幕末を生きている。

佐賀城下で育まれた近代工業

　さて、佐賀城である。佐賀城は、関ケ原の後に鍋島直茂が村中城をベースに整備。水堀を張り巡らせ、有事には城内に水を入れ、主要部を除いて水没させるという特殊な構造の城であった。平時も、外堀と土塁に植えられた樹木により、城の内部をうかがうことはできず、樹木の海に沈む姿と、その構造から、沈み城との別名がある。

　極めて実戦的な構造の佐賀城は、武士としての本分を見失わない、まさに葉隠の精神が宿っている城といえるだろう。

鍋島直正（1817 ～ 1871）肖像。『近世名士写真』（国立国会図書館蔵）より

しかし、幕末の時点では、日本の城はどの城も、新式の小銃や砲の登場により時代遅れとなり、その意味をほとんど失っていた。

佐賀藩では、他藩に先駆けて最新鋭の武器と用兵術を取り入れ、佐賀の軍事力は幕末の時点では日本国内最強となっていた。

これは、佐賀藩が長崎に近く、長崎警備を担当していたこともあって、西洋事情に通じていたからである。特に十代藩主鍋島直正（閑叟《かんそう》）は西洋技術の摂取に積極的で、中でも軍事技術の導入には力を入れ、短期間で佐賀藩に国内最強の軍隊を作り出すことに成功した。

西洋砲術家として名高い高島秋帆《しゅうはん》にも早くから接触し、その技術を取り入れたのは、佐賀藩が最初であった。ちなみに、東京に高島平団地で知られる高島平という土地があるが、高島秋帆が砲術の披露、訓練をここで行ったことで、その名が地名として残ったものである。

最先端の西洋技術を導入

直正は、藩財政の立て直しにも尽力し、陶磁器、石炭、茶など、西洋に輸出できる商品を中心に産業育成を行った。これにより藩財政は潤い、その財力で西洋技術の導入を加速するという良い循環が生まれ、佐賀藩の技術力は高まった。

佐賀藩は反射炉を建設し、当時最新の精錬設備により、西洋式の銃や砲を藩内で生産し、さらには西洋式帆船や蒸気船まで建造することができた。

それらを装備した佐賀軍は、日本最強の軍隊に育っていた。なお、これら技術の一部は、直正の従兄弟の島津斉彬にも提供され、薩摩藩の近代化に大きな

アームストロング砲（複製）。製鉄技術などの向上で射程距離が伸びた。佐賀城本丸歴史館にて（写真＝望月昭明）

影響を与えている。

また、藩内で産出する石炭は長州にも販売され、これが長州の製塩事業を支えており、佐賀藩は、薩長ともに交流が深かったということになる。

日本最強の軍事力と武器生産能力を持った佐賀藩ではあったが、その立場はどちらかといえば幕府寄りで、直正と大老井伊直弼とは思想も近く、血縁があるうえ同い年であったこともあって、二人は盟友のような関係にあった。

直弼による幕政改革が進んでいれば、幕府と佐賀藩とが協力し、幕府主導で日本の近代化が進められたという可能性もあった。しかし、直弼が水戸浪士によるテロで暗殺され、幕府が井伊家に厳しい措置をもって臨むと、直正は幕府寄りから、中立へと態度を変更している。

中立的立場で維新に消極的に参加

幕府も討幕派も、ともに佐賀藩を味方陣営に引き入れようと必死であったが、直正は曖昧な態度のまま大政奉還を迎え、鳥羽・伏見の後に徳川慶喜が大

復原された本丸御殿大広間。320 畳の空間は壮大。佐賀城本丸歴史館にて（写真＝望月昭明）

坂から江戸へ逃げてしまって後、ようやく幕府を見限っている。

戊辰戦争では、佐賀藩の兵力が各地でその力を発揮し、新政府軍の勝利に大きく貢献しているが、新政府に味方したのが遅かったため、「佐賀の日和見」などと揶揄された。

廃藩置県に対して、誰よりも早く賛同した直正は、物欲や権力欲のあまりない、公明正大で清廉な藩主だったのだろう。佐賀城下で近代化を成功させた直正は、日本全体の近代化を誰よりも信じていたであろうし、そのためには内乱が長引くことと、欧米列強がそこに関与することをもっとも恐れていたものと推測する。

彼は、国内最強の軍隊をほぼ無傷のまま最後まで温存し、戊辰戦争を最短で終息させるべくコントロールし、同時に欧米列強の関与を排除するための抑止力となった。

病弱であった鍋島直正は、明治四年（一八七一）一月十八日、江戸藩邸でその五十八歳の生涯を閉じている。

佐賀城下で磨かれた近代技術と人材は、明治日本

佐賀城の本丸御殿の一部が「佐賀城本丸歴史館」として復原されている（写真＝佐賀県観光連盟）

発展の原動力となり、日本の今を支えている。

　直正に野心や欲望がなかったことで、その行動からは積極性が感じられず、二股膏薬、日和見などと呼ばれることもあったが、彼の行動には迷いはなく、常に日本にとって最善の判断をしていたように思われてならない。

　そのブレのない冷静で的確な判断力は、維新で名を遺した多くの人物たちを凌駕し、誰よりも日本の未来に貢献した人物であった。

　残念ながら、明治七年（一八七四）に起きた士族反乱「佐賀の乱」で、佐賀城の建物のほとんどが焼失し、残された遺構は鯱の門、石垣など一部のみである。

　近年、本丸周辺の堀や土塁の復元が進み、少しずつではあるが、往時の姿を回復しつつある。本丸御殿を復元した「佐賀城本丸歴史館」では、佐賀城の歴史と、佐賀藩の維新での働きについて、見ごたえのある展示がなされている。薩摩や長州、会津からの目線ではない、佐賀藩という中立に近い立場の目線で明治維新を見るのも、意味のあることである。

〔鹿児島県〕

城で闘った最後の男

鹿児島城〔鶴丸城〕

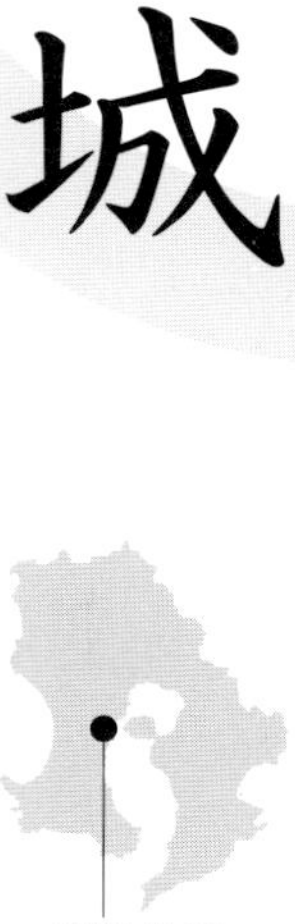

薩摩の島津家は、鎌倉時代の初期、島津忠久の代で薩摩、日向、大隅の三か国の守護に任ぜられた九州の有力大名である。島津系図では忠久を源頼朝の庶子としているが、定説では平安時代から続く惟宗氏の流れとされている。

関ヶ原の戦いでの敗北

島津家は戦国時代後半には九州のほとんどの地域を支配下におき、天下統一を目指す豊臣秀吉と覇を競ったが、秀吉率いる大軍勢に敗北。この時、秀吉

鹿児島城（鶴丸城）は、慶長７年（1602）に築城された（写真＝望月昭明）

より薩摩、大隅、日向のほとんどを安堵され、これより島津家は豊臣家に仕えることになる。

関ケ原の戦いでは島津家は西軍として戦い、千六百の軍勢を率いた島津義弘は、西軍が総崩れとなる中、厳しい撤退戦を敢行した。義弘は、東軍主力の中央突破を行い、これに数万の東軍が襲いかかった。

島津軍は、ある者は義弘の身代わりとなり、ある者は座り込んで射撃を行い、命と引き換えに主君が逃げる時間を稼ぎ、義弘は苦難の末に国許に落ち延びている。なお、鹿児島にたどり着いた兵は、わずかに六十名（史料により異なる）ほどであったという。

ちなみにだが、薩摩藩では、関ケ原の戦いでの苦渋の経験を子々孫々に語り継ぐため、合戦の前夜にあたる旧暦の九月十四日、鹿児島から島津義弘を祀る徳重神社（旧妙円寺）までの往復四十キロを、藩士が甲冑で身を固めて詣でるという行事が江戸時代を通して行われていた。この行事は現在も妙円寺詣でとして継続し、毎年多くの人が参加し、鹿児島三大行事の一つとして知られている。

昭和三十五年（一九六〇）からは、これとは別に関ケ原から大阪までを子どもたちが踏破する『鹿児島県（薩摩藩・島津）関ヶ原跡踏破隊』という行事も行われている。こうして、鹿児島の人々は当時の屈辱を記憶にとどめ、同時に先祖の武勇を誇りとして今に語り継いでいる。それほどに、関ケ原での出来事は、彼らにとって耐えがたい屈辱であったのだ。

関ケ原で東西両軍の決着が付いた後も、九州では戦闘が継続していたが、西軍主力の敗北が伝わると九州の西軍諸大名は降伏し、ついには島津家のみが孤立し、東軍に包囲されてしまう。

島津家はあくまで抗戦する構えを見せ、国境に兵力を集中して九州の全大名の軍勢と対峙した。東軍の主力は、加藤清正、黒田長政、東軍に降伏した立花宗茂、同じく鍋島直茂らであったが、彼らと島津はともに朝鮮で戦った盟友であった。そのため、なかなか戦端は開かれず、東軍諸将は島津義弘に降伏を勧告。これを受け入れる形で島津義弘は家康に謝罪の使者を送り、島津家は降伏した。

その後、義弘と家康は講和条件を巡って使者を介して交渉を続けるのだが、その間にも島津家は合戦準備を継続し、交渉決裂に備え、慶長六年（一六〇一）には徳川との戦いの拠点とすべく、鹿児島城の築城を行なっている。

島津家は強気の主張を曲げず、慶長七年三月まで交渉は続いた。まだ豊臣家が存在し、薩摩遠征に不安があった家康は大幅に譲歩し、島津家は本領を安堵され、薩摩、日向、大隅の三か国七十七万石の大名として、その存続を許された。

関ケ原の戦いに関する論功行賞が終了し、徳川家の勢力が絶対的なものとなると、家康は征夷大将軍となり徳川幕府を開設する。

完全に権力を掌握した家康は、島津家の勢力を削ぐため繰り返し築城や治水工事などの手伝普請を命じ、これにより薩摩藩は莫大な資金と労力を費やされている。

そのため薩摩藩の経済状況は悪化し、幕府への恨みはより一層深いものとなり、江戸全期を通じて、その思いは滓のように沈殿し続けた。これが、幕末になり、明治維新を行なう薩摩の原動力となったと考えるのは、あながち間違いではないだろう。

鹿児島城は、標高百十メートルの城山を詰めの城として、麓に本丸と二の丸が横に並ぶ簡素な縄張りである。

麓の武家屋敷のそれぞれも、本格的な曲輪としての構造を持っているわけでもなく、単純で小規模な堀と石垣があるだけの、けっして堅固とはいえない構造であった。

天守のない鹿児島城

鹿児島城には天守がなく、三か国の太守の居城としては簡素すぎる作りに思えてしまう。これは、幕府に薩摩藩の恭順の意思を示すためであり、反抗をしないことの意思表示と考えられる。

もっとも、築城を開始した慶長六年（一六〇一）は、いつ東軍が攻めてくるかもわからない緊急時で、天守を築造する時間も労力も、島津家にはなかったものと思われる。

また、九州の南端にある薩摩藩からすると、他国からの攻撃は北方からに限られ、もっとも有効な防衛策は国境線を守ることであり、そこを突破され鹿児島城で戦うということは、すでにその戦いに敗北しているということと同義である。つまり、鹿児島の中心に堅固な城があったとしても、それほどには意味がないということである。

実際、関ケ原の後、加藤清正や黒田長政らの兵を迎え撃とうしたのは国境線であり、島津家では鹿児島城での籠城戦は考えてはおらず、国境線での防衛戦闘が計画されていた。

徳川家に恭順する姿勢を見せるためにも城は堅固でないほうが良く、城そのものを頼みとしていない島津家であれば、拠点・政庁として機能し、かつ藩主の居宅としてそれなりの格式があれば、事足りるということになる。

しかし、その城を守るのは、忠義一徹で、主家への熱い思いを持つ武骨な薩摩武士である。彼らは、豪華さもなく巨大でもない、ただ最低限の機能のみを持つ小さな城に、より、主家への忠義の念を強くしたことと思われる。

なお、城内には常に大量の武器弾薬を備え、戦闘の拠点、指揮所としては有効に機能する存在であり、決して形だけの存在ではなかった。

「鹿児島は城をもって守りと成さず、人をもって守りと成す」

この言葉は十六代当主島津義久のものであるが、

まさに鹿児島城は、「人をもって守りと成す」ための拠点として築かれた城なのである。

経済破綻と黒糖の専売

江戸時代に入ると、度重なる手伝普請に、薩摩藩の経済状態は悪化の一途を辿っていた。この薩摩の窮状を救ったのは、琉球国の存在であった。

江戸初期に薩摩藩は琉球を侵略し、琉球経由での交易（密貿易を含む）による利益を財源として、どうにか藩を維持していた。

八代藩主島津重豪《しげひで》の時代、重豪の浪費もあり、いよいよ藩財政は崩壊の危機に瀕した。

天保六年（一八三五）の時点で、藩の借財は五百万両に達していた。原口泉著『明治維新はなぜ薩摩からはじまったのか』（パンダ・パブリッシング）によると、年間の金利だけで三十五万両であるのに対し、薩摩藩の収入はわずか十三万両であったというが、これでは完全なる財政破綻である。

この窮地を救ったのが、重豪に登用され、十代藩主斉興に重用されて家老となった調所広郷《ずしょひろさと》（笑左衛門）である。広郷は五百万両の借財を、商人を脅迫して無利子二百五十年分割払いとして、ほぼ踏み倒してしまう。

さらに、薩摩藩が支配していた琉球を経由しての清国との密貿易を拡大した。これに加え、奄美の黒砂糖を専売制とし、なおかつ奄美の人々を酷使することで生産量を増やし、巨利を得た。

江戸中期を過ぎると、富裕な町人が増加するとともに消費文化が拡大し、嗜好品である砂糖の価格は上昇した。これにより、薩摩藩の黒糖による利益は増大し、天保元年から十年までの薩摩藩の大坂への平均積出額は、黒糖のみで実に二十三万五千両にも上ったとされる。

ほか、米が六千両、菜種が二千両、その他を合わせて約一万両であったという（名越護著『奄美の債務奴隷ヤンチュ』南方新社）。

こうして、広郷の改革により藩財政は立て直され、嘉永元年（一八四八）には、藩庫に二百五十万両もの余剰金が蓄えられるまでになったという。この潤沢な資金が、薩摩藩の近代化と、倒幕のための軍費として活用されることになる。

生麦事件と英国艦隊の派遣

文久二年（一八六二）八月二十一日、四人の英国人が、薩摩藩の島津久光（藩主の父・実質的な薩摩藩のトップ）の行列と行きあった。この時、英国人は騎乗のまま行列の前を横切ろうとし、これに激昂した薩摩藩士が英国人を斬り、一名が死亡、二名が負傷した。

この時の英国人の行動について、日本語がわからなかったためなどと解説している向きもあるが、ものものしい警護の行列から、移動を止めるべく指示なり注意なりがあった場合、たとえ言葉がわからなくとも、誰もがその意味を解するはずである。そもそも、当時の欧米人たちは、大名行列に出会った時の対処法などについては注意を受けていて認識しており、この時の英国人も、当然ながらそれは認知していたはずである。

この事件の少し前、アメリカ領事館書記官のバンリードが同じ薩摩藩の行列と出会い、下馬した上で道の端に寄り、脱帽して行列に礼を示すと、行列は静かに通り過ぎている。バンリードも、この件に対しては、英国人が傲慢な態度であったための災難と非難している。

この件に対し英国は、幕府と薩摩に強硬な抗議をし、賠償金十万ポンドの請求を行った。

本来、幕府はこれをはねつけるべきであったが、老中小笠原長行は賠償金を支払い、謝罪については薩摩に直接抗議するようにと英国に伝え、矛先を薩摩藩へと向けてしまう。

英国は、幕府から賠償を受け取っていながら、薩摩藩にも犯人の処罰と二万五千ポンドの賠償を要求。これに薩摩藩が応じなかったため、イギリス公使代理のジョン・ニールは、クーパー提督率いるイギリス東洋艦隊七隻（旗艦ユーリアラス号二千三百七十一トン）を派遣し、脅すことで賠償金をせしめようと目論んだ。

迎え撃つ薩摩藩兵と台場群

英国艦隊は単縦陣で鹿児島湾内に侵入して停泊。艦隊で圧力をかけながら、書面の往復で予備交渉は始まった。薩摩藩は陸地に交渉の席を用意していたのだが、英国は身の危険を感じ、上陸せずの交渉となった。

薩摩藩側には最初から交渉に応じるつもりはなく、開戦は必死の状況であった。この時、島津久光はこう語ったという。

「生麦の一件は、武門のしきたりに従ったまでのこと」

英国艦隊を迎える薩摩は、当時の日本としては、かなり高いレベルでの軍備を持っていた。薩摩、大隅、日向の沿岸には、合計四十六か所もの台場が設置され、鹿児島湾沿岸には、十一の台場・砲台が設置され、合計で八十五門とも八十九門ともいわれる大砲が装備されていた。藩全体では四万五千の兵が動員され、薩摩藩は総動員態勢で英国艦隊を待ち構えた。

薩摩藩では早くから装備の近代化が進められ、同時代の大名の中では、佐賀藩に次ぐ軍備を誇っており、鹿児島湾も、湾全体が要塞であるかのような防衛体制を整えていた。

英国艦隊との戦闘では、鹿児島城は砲の射程範囲内に含まれてしまうため、城から北西約二キロメートルほどの、鹿児島近在西田村（現・鹿児島市常盤）の千眼寺を薩摩藩の本営とした。

これに対する英国艦隊は百七門の砲を装備し、（資料により備砲の数に差異あり）最新のアームストロング砲も二、三割ほど装備され、砲火力では、圧倒的に英国側が有利であった。

アームストロング砲の有効射程はおおよそ三千〜四千メートルほどで、速射性も命中精度も優れていた。

これに対し、薩摩側の砲はどれも旧式で、その最大射程は長いもので二千〜三千メートル。有効射程はそのおおよそ半分ほど。

英国艦隊の備砲の砲弾は、薩摩の球形のものとは異なり、椎の実状の先の尖った形状で、命中精度も破壊力も圧倒的であった。ただし、アームストロング砲にも不備はあり、砲が火薬の圧力で破壊され、時に暴発するということもあり、薩英戦争においてもユーリアラス号で暴発があったという。

それでも、アームストロング砲が優秀な砲であることに違いはなく、英国艦隊がアウトレンジから攻撃した場合は、薩摩藩の砲台は成す術もなく破壊され、沈黙させられることになる。

薩摩藩の奇策

薩摩藩もそのことは十分に理解していたようで、そのため、二つの奇策が計画されていた。奇策の一つは乗船しての奇襲攻撃である。

八月十三日、スイカ売りに化けた黒田清隆、大山巌ら決死隊は、小船で英国艦隊に近づき、必死でアピールして乗船を求めるが、さすがに伝統ある英国海軍、いかにも怪しい物売りを相手にすることはなかった。

交渉が続く中、英国側からの謝罪要求に対し、薩摩藩からの正式回答が届けられることとなった。ユーリアラス号では、使者一人のみを乗艦させるつもりで縄梯子をおろしたところ、斬り込み隊が四十人ほど甲板へと無理やりに上がってしまう。

艦上では、使者を迎えるため、銃を背負った水兵が待ち構えており、切り込み隊は何もできず、ただ、イギリス側より振舞われたシャンパンを飲んだのみで帰っている。

もう一つの奇策、それは機雷の設置である。

水に濡れぬよう、瓶に火薬を入れ、木箱に詰めて海に浮かべる。これを電気による火花で着火しようというもので、三個海上に設置した。

三百斤の火薬が装填されていたと記録があるので、一斤六百グラム（斤には地域・計量するものにより各種あり、ここでは明治二十四年制定の単位と同じと仮定した）と考えて百八十キロもの火薬である。うまくすれば、一個で一艦を沈めた可能性もあったが、薩摩側が想定した航路を英国艦隊が通過しなかったため、これも不発に終わってしまう。なお、これが日本における、歴史上最初の機雷使用である。

交渉決裂！薩英戦争へ

交渉が決裂すると、英国艦隊は、湾内に停泊していた薩摩藩の汽船三隻を拿捕し、これを拉致している。賠償金よりも高価なこの三隻を質として、あらためて交渉を進めようとしたものと思われるが、この拿捕行為をもって敵対行為と判断した薩摩藩は、ついに攻撃を決断。

各砲台が次々と英国艦隊にむけて砲撃を開始し、

大久保利通（1830 ～ 1878）
銅像（写真＝望月昭明）

西郷隆盛（1828 ～ 1877）
銅像（写真＝望月昭明）

島津斉彬（1809 ～ 1858）
銅像（写真＝望月昭明）

まず、英国艦隊中三番目の備砲数十七門を誇るペルセウス号に着弾。ペルセウス号は碇を切り捨て、戦線から離脱する。

英国艦隊は、すぐに拿捕した三隻を沈め、一旦薩摩藩の砲台の射程外で態勢を整え、単縦陣で湾の奥へと進出。アウトレンジからの砲撃をするとの予測を裏切り、十分に接近してからの砲撃で、薩摩側の台場を一つ一つ破壊していった。嵐で海上が荒れていたこともあり、英艦隊は、その優秀な砲の性能を、完全には発揮できなかったが、それでも薩摩藩の台場は、時間とともに沈黙していった。

対する薩摩藩兵も戦闘意欲は旺盛で、練度の高い彼らは、英国艦のすべてに命中弾を与え、特に旗艦のユーリアラス号は集中砲火を受け、艦長ジョスリン、副長ウィルモットが戦死している。

薩摩藩は確かに善戦はしたものの、砲火力の違いは歴然で、夕刻には薩摩藩の砲台はほぼ沈黙した。

日没後、英国艦隊は付近の船に火をかけ、鹿児島城周辺に砲撃を加え、武家屋敷とともに民家の多くが消失した。この時、島津家の殖産興業の中心ともいえる集成館も焼失する。

翌日、英国艦隊は、まだ残っていた薩摩側の砲台を攻撃し、抵抗力を完全に排除して湾内に停泊。薩摩藩は英艦隊の陸戦隊の上陸を想定し、内陸での戦闘を覚悟したが、英艦隊は船の応急処置を済ませると鹿児島湾より撤退した。

薩摩側は、砲台と船舶のほとんどを失ったが、人的被害は五名の戦死と、十三名の負傷。

英国側は、十三名の戦死と、負傷五十名。後に七名が死亡してしまうので、戦死者は二十名となる。そしてなにより、虎の子の艦隊が大きく傷つき、修理のためにインドまで回航せねばならなかった。

一般的に、薩英戦争では攘夷を叫ぶ薩摩藩が無謀にも英国に戦いを仕掛け、手も足も出せずにボロ負けしたとの印象を持っているものと思われるが、事実は決してそのようなものではなかった。

戦いのきっかけは、前述したように英国の商人の無謀な行為であり、さらには英国が薩摩藩に無理な要求をし、その上で船舶の拿捕という国際法から見て違法な行為を行った結果の開戦である。

戦いそのものについても、人的被害では英国側に多くの被害がでており、英国東洋艦隊を長期間無力化した薩摩藩のその戦いは、戦闘だけを見た場合は悪くて引き分けといったものである。ただし、英国の実力を認識した薩摩藩は、賠償金として十万ポンドを支払っているので、薩摩藩が敗北したという見方も間違いではない。

この後、島津久光は「無謀の攘夷は不可」と語り、薩摩藩はより一層、西洋技術の導入に力を入れることとなる。

また、その潔い戦いぶりに敬意を示した英国は薩摩藩に好意を持ち、軍事力・科学技術の差を認識した薩摩藩は英国との交流を求め、薩摩と英国はパートナーシップを育むこととなる。これが倒幕の一つの大きな力となったことは、ご存じの通りである。

国内最後の内戦・西南の役

明治時代に入り、再び鹿児島城は戦火を浴びることになる。西郷隆盛率いる不平士族による反乱、西南戦争である。

西郷の政治姿勢、国家観は、それまで盟友であった大久保利通らと乖離し、いつしかそれは対立にまで発展した。西洋化、近代化を急ぎ、その前提として四民平等を早急に根付かせようとする大久保に対し、西郷は急激な西洋化を好まず、士族たちのアイデンティティを保持した形での、ゆるやかで限定的な変革を目指した。

どちらも日本の西洋化、近代化そのものは認めているのだから、落としどころはあるようにも感じられるが、多数の不平士族が西郷を頼り、彼らが明治政府に不満を持ち続けたことで、西郷はますます中央政府と距離を置くことになってしまう。

断髪令、廃刀令、徴兵制（士族による軍事独占の撤廃）と急速に士族の解体が進み、明治九年（一八七六）の秩禄《ちつろく》処分により秩禄給与（家禄による収入）が全廃されると、武士としての特権を失った士族は、全国各地で反乱を起こしている。

鹿児島では西郷が中心となり、士族の教育機関として「幼年学校」「銃隊学校」「砲隊学校」を設立し、青年士族に軍事教練を行いつつ学問と農業を教え、ここで士族たちの不満を受け止め、暴発を押さえていた。これがいわゆる私学校である。

全国で鹿児島のみ、優遇措置により秩禄処分を実施していなかったことで、薩摩の士族は各地の反乱に同調していなかったが、鹿児島での反乱発生を恐れた政府は、予防措置として鹿児島に保管されていた武器弾薬を秘密裡に運び出そうと計画。これが私学校側に知られると、鹿児島の不平士族は憤激し、ついには蜂起へと発展してしまう。

西郷隆盛、遂に起つ

西郷本人にどこまでの意図があったかは不明であるが、西郷は彼ら不平士族を見捨てることができず、この反乱の指導者として立ち上がることになる。

反乱軍は三万ほどの兵力を持ち、鹿児島から東京を目指して進撃し、一時は熊本城を囲む勢いを見せた。しかし、熊本城はよく攻撃に耐え、その間に政府は最新の兵装の七万の軍を動員して九州に送り、反乱軍を鎮圧する。

何より、海軍力のない西郷側に、勝ち目はなかった。近代戦争では、補給・兵站が勝敗を決することになるのだが、制海権を持ち、海上輸送が万全の政府軍は圧倒的に有利であった。なお、政府側の陸軍の指

鹿児島城の石垣には、西南戦争の際の弾痕があちらこちらに残っている（写真＝望月昭明）

揮は長州の山縣《やまがた》有朋《ありとも》が執り、海軍は薩摩の川村純義《すみよし》が率いて戦った。川村は幼い頃、西郷に弟のように可愛がられたというが、果たしてどのような思いでこの戦いに参加していたのであろうか。

各所で敗走した西郷軍は、最期を飾るべく鹿児島城の背後の城山にわずか三百七十二名で立て籠もり、政府軍はこれを五万の兵で包囲した。西郷らは、一太刀浴びせて死のうと、山をおりて突撃を敢行したが、西郷の胸と太ももに銃弾が命中。明治維新の立役者の一人、西郷隆盛は、別府晋介《べっぷしんすけ》の介錯によりその生涯を閉じた。

関ケ原の戦いの後、幕府の軍を迎え撃つために築かれた鹿児島城は、薩摩藩、長州藩が幕府を滅ぼして打ち立てた新政府軍により包囲攻撃され、落城した。鹿児島城を訪れることがあれば、ぜひ、その石垣を間近に見ていただきたい。西南戦争での銃撃、砲撃の痕跡が、今も生々しく残されている。

薩摩武士の象徴ともいえる鹿児島城で、もっとも薩摩武士らしい男が最期を迎えている。武士の時代、城の時代が終わった、その瞬間である。

コラム　幕末偉才伝 2

松下村塾と吉田松陰

よしだしょういん（1830 ～ 1859）　長州藩藩校の兵学師範に9歳で就任。24歳のとき黒船密航を計画、投獄され萩で謹慎。その後、松下村塾で若者を教育するも、安政の大獄に連座し刑死。弟子の多くは維新を牽引し、のちに明治政府の指導者となった。写真の銅像は、弟子とともにペリー艦隊を見つめているところ（写真＝望月昭明）

明治維新という歴史上の大事件において、もっとも重要な人物一人を挙げろと言われたとすれば、誰の名を挙げるのが適当であろうか。西郷隆盛、大久保利通、徳川慶喜、岩倉具視《ともみ》。多くの人の名が挙げられると思うが、もっとも有力な候補は、吉田松陰ではなかろうか。

では、維新において彼が何をしたかと問われれば、実は、彼自身は維新においてほとんど何もしていないと、そう答えるしかないだろう。

何より、彼がその短い生涯を終えたのは、まだ幕府が盤石に感じられた安政六年（一八五九）であり、彼の死から五年の後には、第一次長州征伐で長州藩が滅亡の寸前にまで追い込まれているのである。

天才軍学者吉田虎次郎

吉田松陰は、長州藩の下級武士杉百合之助《すぎゆりのすけ》の次男として、萩城下で誕生した。彼は、山鹿流兵学師範の叔父吉田大助の養子となり、その後、百合之助の弟の玉木文之進に学び、わずか九歳で藩校明倫館の兵学師範に就任し、十一歳で、藩主・毛利慶親《たかちか》の御前で兵学の講義を行い注目された。

萩で長沼流兵学を学んだ松陰であったが、アヘン戦争で清国がイギリスに完敗したことに衝撃を受け、西洋兵学を学ぶ必要性を強く認識した。

藩に許され、九州に遊学した松陰は、高島秋帆の塾に学び、さらには江戸で佐久間象山に師事して最新の西洋事情を学んでいる。若き時代の松陰は、青森から長崎まで日本各地を歩き、あるいは海防の現実を知り、あるいは蘭学者に教えを乞い、あるいは他藩の藩校を見学して多くの知己を得て知識を吸収した。

松陰の精神性の根底には常に陽明学の思想があり、彼はその思想に基づいて行動した。この時代、佐久間象山を含む多くの知識人が陽明学を学んでいたが、松陰は特にその思想に影響を受けた一人である。

陽明学という思想については、「結果を顧みない無鉄砲な行動主義」と批判する人も少なくない。そこまで短絡的な思想ではないのだが、確かに行動そのものを重視するあまり、無謀な行為をしてしまうケースはある。

嘉永五年（一八五二）、青年時代の松陰は、友人らと東北への現地調査の旅を計画する。この時、藩はこれを許可する予定であったが、松陰は通行手形の発効が友人との約束の日を過ぎてしまうことから、脱藩してその出発の日に間に合わせている。当時、脱藩は死罪になる可能性のある犯罪とされていたが、彼は友人との約束を義であると考え、自身の命よりもこれを重視したのである。その結果、江戸にもどった松陰は、萩へと連れ戻され、家禄没収・士分剥奪のうえ謹慎という処分を受けている。

他藩であれば、松陰の生涯はここでほぼ終わりであるが、藩主慶親はやがて松陰を許し、他国修行も認めるほどの寛大さを見せている。

松陰の人生でもっともよく知られているエピソードに、「下田踏海《とうかい》」と呼ばれる出来事がある。嘉永七年（一八五四）に、松陰がペリーの黒船に密航しようとして捕まった事件である。失敗する可能性の高い密航であったが、西洋事情を実際に知りたいという思いを彼は優先した。失敗して後は、密航そのものについては恥じることのない行為であると思いながらも、国禁を破った事実を不正であると考え、驚くことに彼は代官所に自首をしている。

松陰の密航に賛同し、これを止めなかったことで師の佐久間象山も捕縛されているが、開国を目前としていた幕府は、両者に国許での蟄居という軽い処罰のみを与えるにとどめている。

象山の才能を惜しんだためでもあるのだが、しばらく幕府が象山を重用することができなくなってしまったことは、日本の歴史において重大なマイナスであったと思われる。

松下村塾での松陰の教育

萩に連れ戻された松陰は、罰として野山獄に投獄されているが、ここでは書物や筆記具などの持ち込みが許され、囚人との交流も可能であった。ここで松陰はひたすら勉学に励み、後には獄の番人や囚人をも含む勉強会を開き、野山獄は、さながら松陰が経営する学校と化していく。

翌年、松陰は獄から解放され、実家の杉家で形のみの幽閉となる。彼は学問を深めつつ、来訪する子弟たちの指導に熱中した。安政四年（一八五七）、叔父玉木文之進の松下村塾を受け継ぎ、実家の敷地内でいよいよ松下村塾が開塾する。

萩城から東に三キロメートルほど、阿武川を渡ってすぐの場所に松下村塾はある。最初はわずかに八畳一間で松下村塾は始まり、塾生が増えて手狭になると、松陰と塾生が力を合わせて十畳半の部屋を増築した。

この二間が、日本中にその名を知られた松下村塾のすべてである。建物は今も萩に残り当時の雰囲気を今に伝えているが、実際に訪れてみると、想像よりも小さな建物で驚かされる。

この、本当に小さな塾の中で、日本の未来が議論され、そして形作られた。

同塾では、身分の上下もなく、子弟が談論して学ぶという独特な教育方法が採用され、桂小五郎（木戸孝允）、井上聞多（井上馨）、久坂玄瑞、高杉晋作、伊藤俊輔（伊藤博文）、山縣有朋、吉田稔麿ら、後に明治維新を主導する若者で賑わった。

翌安政五年（一八五八）に、幕府が日米修好通商条約を勅許を得ないまま締結すると、勤王意識の高い松陰は、過激なテロ行為とも思える行動を画策する。幕閣の暗殺、伏見の監獄破り、老中に条約破棄と攘夷を直訴し、受け入れられない場合は老中を討ち取る計画など、どれも危険な計画であり、長州藩はこれを聞きつけると松陰を再び野山獄へと拘束した。

このころの松陰は、門弟たちにも計画を反対され、孤独であった。その反面、彼の精神性はますます純麗無垢なものへと昇華し、その思いは膨大な数の書状となって全国の知己、門弟へと送られた。

吉田松陰の私塾「松下村塾」。この小さな建物で、維新を彩る多数の志士が学んだ（写真＝望月昭明）

安政六年（一八五九）長州藩に、幕府より獄中の松陰を江戸に移送せよとの命が下り、松陰は安政の大獄に関連する容疑者として伝馬町の牢屋敷に投獄されてしまう。ここで松陰は、嫌疑とは無関係な幕閣の暗殺計画を自白し、十月二十七日に斬首によりその命を絶たれてしまう。享年三十歳。

松陰の著作である『講孟余話』では、

先づ一心を正し、人倫の重きを思い、皇国の尊きを思い、夷狄《いてき》の禍を思い、事に就き類に触れ、相共に切磋講究し、死に至る迄他念なく、片言隻語も是を離るることなくんば、縦令《たとい》幽囚に死すと雖《いえど》も、天下後世、必ず吾が志を継ぎ成す者あらん。

と、自身が死して後は、後継者が志を継ぐと書いているが、果たして松陰の弟子たちは、松陰の想いを受けとめて明治維新の大業に邁進した。

松陰の無垢な思いと圧倒的な行動力。それらを受け継いだ長州の志士たちがいたからこそ、幕府は倒れ、明治時代が到来した。松陰の誠、松陰の義《ただ》しさが、動くはずもない天下を動かし、日本の未来を切り開いたのである。

第三章

落日

時代の終わりと城の運命

［大阪府］

天下人の城から天下泰平の城へ

大坂城

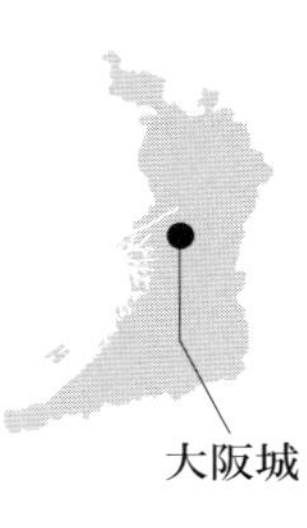

豊臣秀吉が築いた大坂城は、まさに天下人の城であった。その存在は、天下統一を果たした秀吉の栄光そのものであり、戦国時代を象徴する歴史的モニュメントでもある。

秀吉の死後は豊臣家の幼き当主秀頼が城主となり、戦国時代最後の合戦である大坂の陣で、彼は城とともに滅んでいる。この栄光と悲劇の二面性も、大坂城の魅力の一つである。

織田信長の死後、天下統一という壮大な目的を引き継いだのが羽柴秀吉、後の豊臣秀吉である。秀吉は天正十一年（一五八三）、その本拠として大坂の地を選び、ここに壮大な居城を築いた。

秀吉が秀頼に遺した城

大坂城は完成後も天正十四年、文禄三年（一五九四）と改修が加えられ、ようやく惣構《そうがまえ》の大坂城は完成する。

秀吉が死を迎える慶長三年（一五九八）、遺児となる秀頼の身を案じた秀吉は、更なる増築を加え、三の丸と堀の改修を行い、三の丸にいた住民を船場に移住させている。

大坂城天守（復原）。関西における幕府の最重要拠点。©（公財）大阪観光局

ちなみにこの時の船場には、日本初の下水道が敷設されていたが、後に、これが江戸の町にも取り入れられ、江戸は世界でも稀な「清潔な都市」として発展することになる。

大坂城整備が行われたこの年、豊臣秀吉が薨去。大坂城には幼少の秀頼とその母、淀の方のみが残され、それまで盤石に見えていた豊臣政権は、たちまち揺らぎはじめてしまう。

政権簒奪を目論んだ徳川家康は、関ケ原の戦いで石田三成ら西軍に勝利し、豊臣家からの天下簒奪を実行した。

家康は、征夷大将軍として江戸に幕府を開くと、徳川家による政治体制を時間をかけて構築し、慶長十九年（一六一四）、満を持して豊臣家に戦いを仕掛け、この大坂冬の陣と、翌年の夏の陣で豊臣秀頼を滅ぼし、徳川家二百六十年の安泰を手に入れた。

徳川家と大坂城

秀頼亡き後に大坂城の城主となったのは、家康の孫の松平忠明である。忠明の時代では、主に城下町の復興を行っているが、まもなく幕府は忠明を大和郡山へと移し、大坂を幕府直轄地として経営する。

同時に、大坂城もあらためて整備され、様相は一新した。

大坂城整備工事は三期に分けて行われ、第一期工事では四十七大名、第二期工事では五十八大名、第三期工事は五十七大名が動員されるという大規模なものであった。元和六年（一六二〇）から約九年間をかけて行われたこれらの工事により、豊臣時代の大坂城は完全に消え去った。幕府は豊臣時代の本丸の地盤の上に数メートルもの盛り土を行い、秀吉時代の痕跡をすべて地中へと埋めてしまったのである。

幕府はこの大坂城のある大坂周辺を直轄とし、譜代大名を大坂城代として置き、大坂経営にあたらせた。城代は、幕末までで七十代を数え、その多くが後に老中に就任して、幕政の中枢を担っている。

大坂城代には、ほとんどが十万石に満たない譜代大名が選ばれ、小藩の譜代大名二名の定番、譜代大名四名による加番、兵力として旗本による大番二組を率いていたが、大坂城に軍勢を常備するわけではなく、城代に任ぜられても藩の負担は重くはなかっ

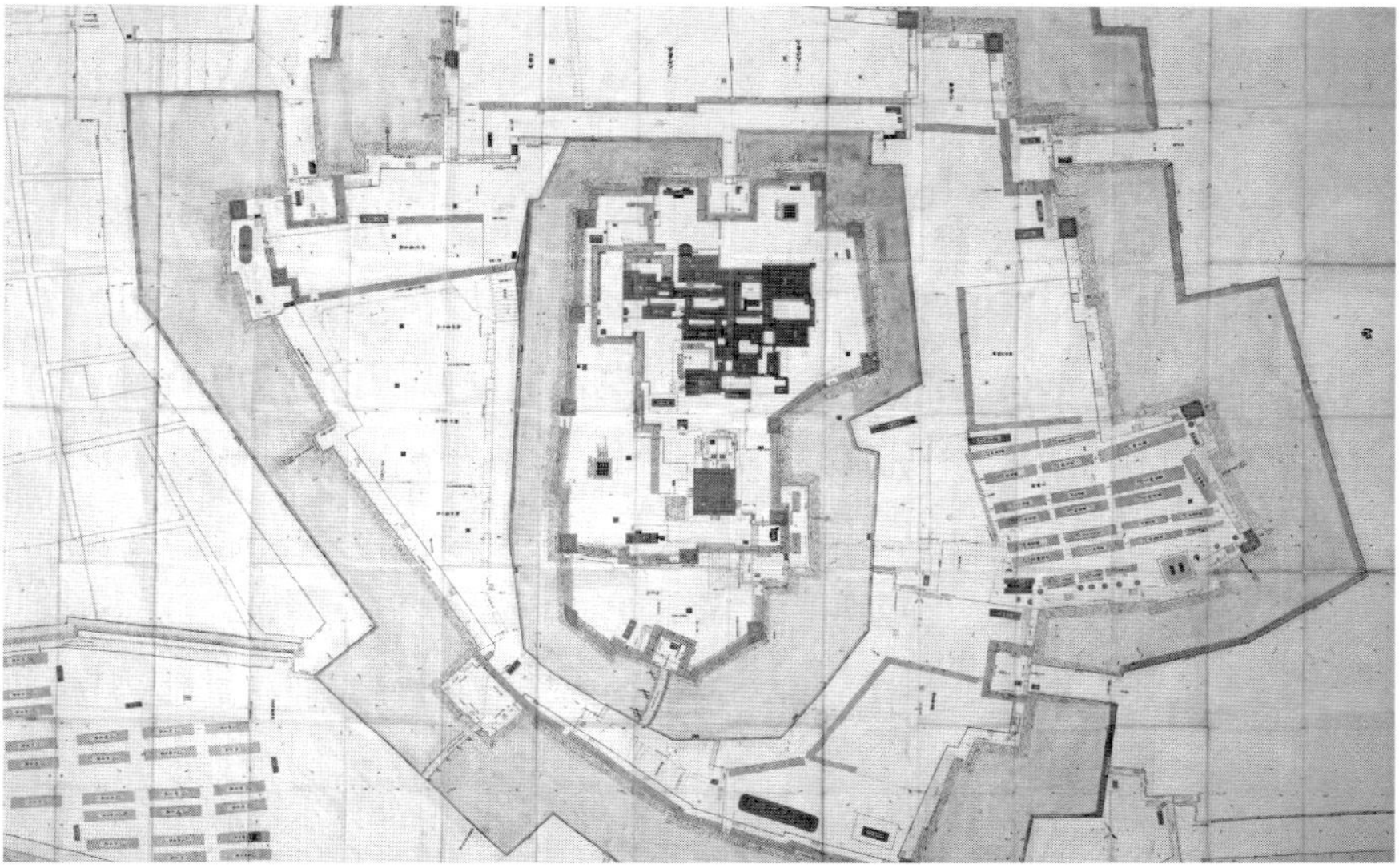

「大坂御城図」（承応・明暦頃）。巨大な石垣と幅のある堀は、幕府の権威の象徴でもあった（国立国会図書館蔵）

た。江戸中期以降では任期も二〜五年ほどと短く、その後は京都所司代などを経て江戸詰めの老中となるという、いわば幕閣の出世コースとして位置づけられていた職責である。

大坂城代は、大坂城の警備を行い、さらには摂津・河内・和泉・播磨などの周辺の天領の支配・管理と、西国諸大名の動静を監査する役目で、有事には将軍の代行をする権限を持っていた。

有事に混乱する幕府

城代は強い権限を持つ重い役目ではあったが、小さな藩の藩主であり、国許から離れた土地への赴任ということもあり、藩士全員を引き連れて大坂城に詰めていたわけではなく、緊急時に対応できる軍事力は、決して大きなものではなかった。

これは、京や大坂に、独立した強い勢力を置かないという幕府の方針によるものであるが、幕末にはこれが裏目となり、西国諸藩に傍若無人な動きを許す温床となってしまう。

天保八年（一八三七）に起きた反乱、大塩平八郎

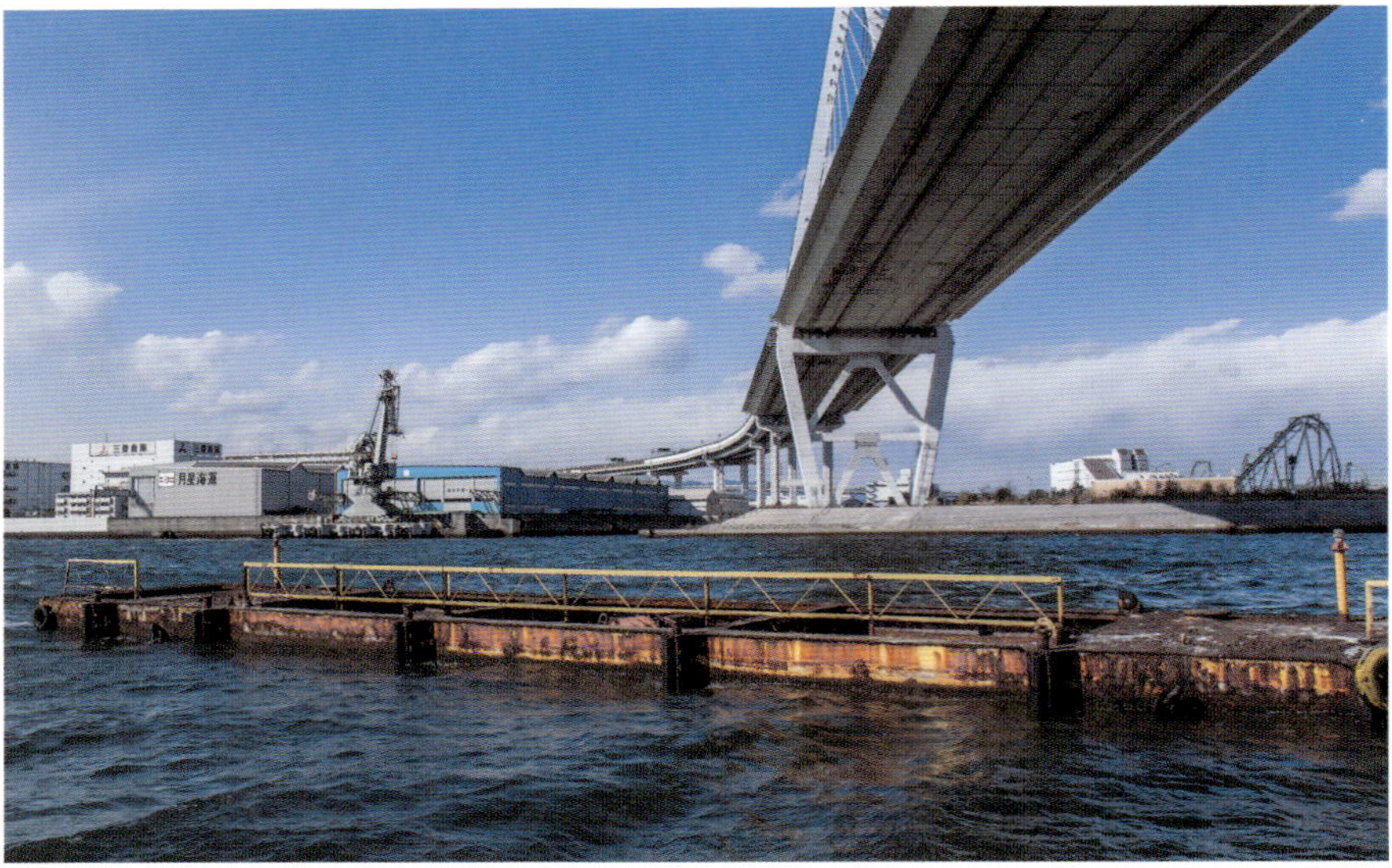

現在の天保山台場付近。天保山公園が台場跡だが、遺構はほとんど残されていない（写真＝治部左近）

の乱では、元町奉行の与力大塩平八郎が率いる数百の一揆勢力に城代方は狼狽し、その慌てふためく姿は、大坂町人からおおいに嘲笑されたという。

反乱の報を受けて、城代配下の東西両町奉行が鎮圧のために出動しているが、奉行の二人ともが、砲声に驚いて暴れる馬から落ちるという失態を見せ、後には

大坂天満の真中で
さかさ馬からおっこちた
あんなよわい武士みたことない
役高三千ただすてた

といったざれ歌が大坂の町で流行り、幕府権力と大坂城代を嘲笑った。

嘉永七年（一八五四）には、プチャーチン率いるロシア軍艦ディアナ号が大阪湾に突然出現し、この時も大坂城代らは有効な手を打つことができず、ただただ混乱するばかりであった。城代らは、ディアナ号が接岸できないよう廻船などを動員して邪魔をするも、ディアナ号からは二十名が上陸し、町奉行

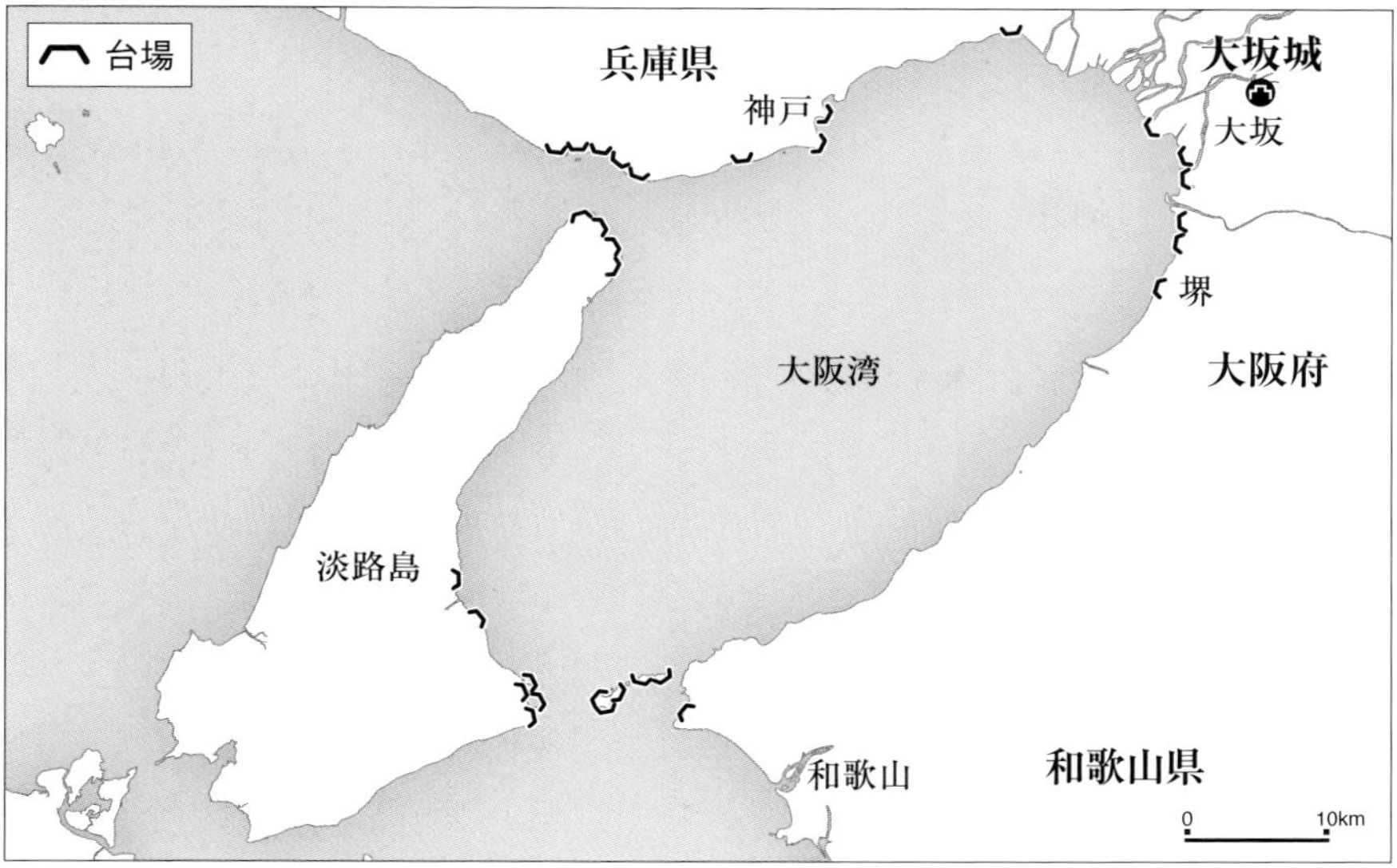

大阪湾（摂海）を囲むように築かれた台場群（『大日本読史地図』などをもとに作成）

配下の与力がこれに対応して追い返している。しかし、言葉が通じなかったために、険悪な一触即発の雰囲気となってしまう。

この時、緒方洪庵の「適塾」の塾生が駆け付けて通訳をし、ようやくディアナ号は長崎へと向かっているが、一連の騒動を見物するため海岸に大群衆が押し寄せ、大坂の町人はここでも幕府の不甲斐なさを笑ったという。

ディアナ号は、大阪湾の天保山沖に碇泊しているが、その後、幕府は天保山砲台をはじめとする台場建設を行なっている。

大阪湾防衛のための台場

外国船の大坂来航は、幕府に大きな衝撃を与えている。大阪湾（摂海）は内海であり、外国船の侵入はないものと幕府は勝手に油断し、海防にはあまり力を入れていなかった。

ロシアの軍艦の湾内侵入を許したことで、大阪湾が無防備であることを悟った幕府は、あらためて大阪湾防備を本気で考え、台場築造を急いで行い、西

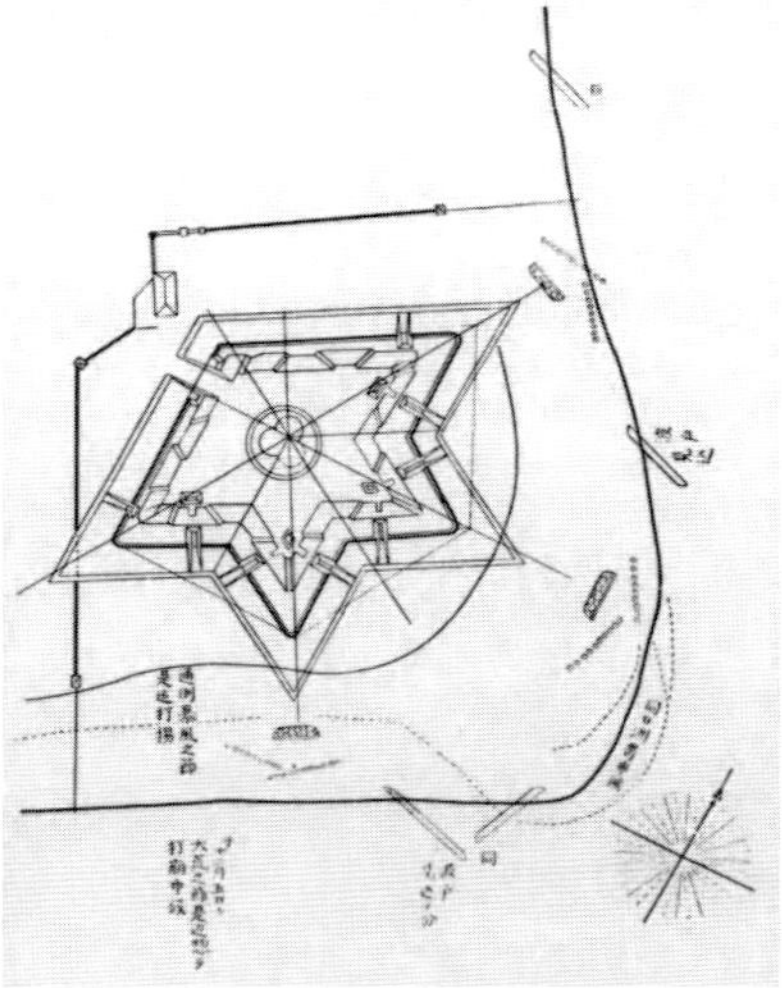

「和田岬砲台　平面図」。砲台は稜堡型だった。『神戸市史・附図』（国立国会図書館蔵）より

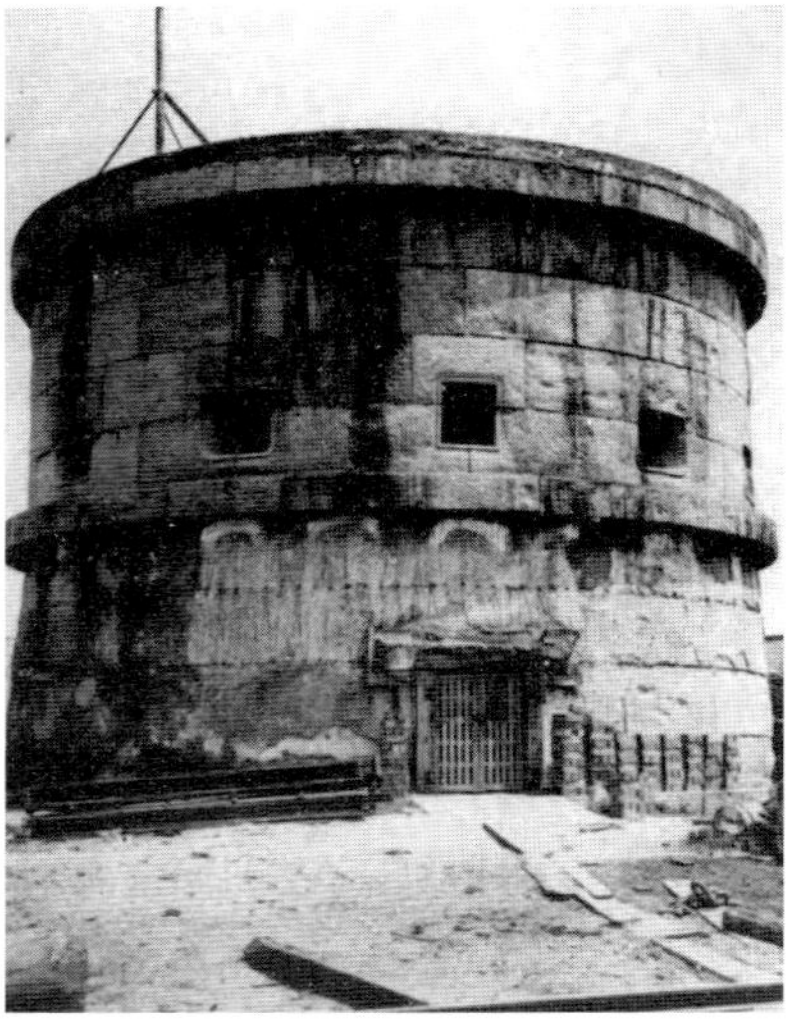

和田岬砲台。『兵庫県史蹟名勝天然記念物調査報告書』（国立国会図書館蔵）より

国諸藩に大阪湾の警備を命じている。

大阪湾の防衛を考える時、もっとも重視されるのは、明石海峡と紀淡海峡である。大阪湾に進入するには、どうしても両海峡を通過しなくてはならず、この狭隘部を要塞化することができれば、大阪湾は安全となる。

当然、幕府も両海峡に台場建設の必要性を感じ、多数の台場を築いている。

淡路島側の台場を徳島藩が、紀淡海峡の本州側を和歌山藩が、明石海峡の本州側を明石藩がそれぞれ担当して台場を築造し、見かけの上では両海峡は大変堅固な要塞と化したが、それがどれだけ実戦で役に立つものであったかは不明である。

ほか、長州藩、尼崎藩、岡山藩、鳥取藩、土佐藩、柳川藩らが大阪湾沿岸の警備を担当し、湾内要所を固めている。

こうして築かれた大阪湾の台場群は、文久三年（一八六三）に新設された摂海守備総督が担当し、因幡藩主の池田慶徳が総督に任じられ、翌年には一橋慶喜（徳川慶喜）が禁裏御守衛総督、摂海防禦指揮として、大阪湾警備の責任者となっている。

これら台場群は、池田慶徳がわずかに英国船に砲撃を行ったのみで、そのほとんどは実戦に用いられることなく明治を迎えている。

現在も、堺や和田岬などに当時の台場・砲台跡が残されているが、それらは多くがプチャーチンの来航以降に築造され、慶応三年（一八六七）の兵庫開港でほぼ意味を失い、一部は明治以降にも台場、または弾薬庫に用いられたが、ほとんどは消滅した。

徳川慶喜の大坂退去

薩摩と英国の戦いである薩英戦争、幕府による長州征伐、長州と列強四か国の馬関戦争、薩長同盟締結と時代はめまぐるしく流れ、将軍徳川慶喜は大政奉還を行い政権を返上している。

単なる一大名となった慶喜であるが、慶喜が将軍職を辞した時点では、日本の最大勢力はやはり徳川家であり、パワーバランスでは徳川家が圧倒的に優勢であった。

最後の将軍徳川慶喜は、徳川家、または自身が政治の中心であることよりも、朝廷への忠義を重視していたものと推測される。彼は王政復古の大号令が発せられて後は京を出て大坂城へと退去し、鳥羽・伏見の戦いで幕府軍が敗北すると大坂を捨て江戸へと帰還してしまう。こうして、徳川宗家は一切の抵抗をしないまま、明治を迎えている。

現在の大坂城天守は、昭和六年（一九三一）に鉄筋コンクリートで復元されたもので、天守四層までは、江戸時代の白漆喰の姿を再現し、五層目は豊臣時代をイメージして、黒漆喰に金箔で虎や鶴の絵を描き、優美で、なおかつ力強さが感じられる美しいデザインに仕上がっている。

大坂城を考える時、大坂の陣での真田家の華々しい戦いばかりがイメージされてしまうが、時には、幕末、徳川慶喜がここを退去したその時の彼の思いにも、心を馳せていただきたい。

勝てる戦いをせず、天下人の座を手放した徳川慶喜。そこには、己の欲望や野心を捨て、天下万民の幸せを何より優先した、真の天下人の姿があったように思えてならない。

徳川慶喜が、天下人の城である大坂城を捨てた瞬間、徳川家の天下も終焉を迎えたのである。

［京都府］

幕府の終焉を見届けた城

二条城

国宝であり、世界遺産にも指定されている二条城は、修学旅行生や海外からの旅行者に人気の観光地として、常に多くの観光客でにぎわっている。

二条城は、徳川家康の京での宿泊所として建てられたもので、慶長六年（一六〇一）より築造が始まった。慶長八年までにはおおむね完成しているが、この時の二条城は現在の二の丸部分のみであった。

慶長八年二月十二日、家康は伏見城で将軍補任の宣下を受け、三月十二日に二条城に入ると、二十五日に「拝賀の礼」のため御所に参内《さんだい》。そして二十七日には、二条城に諸大名や公家を招いて祝宴を開い

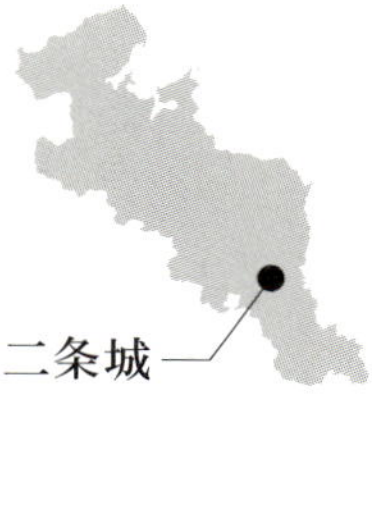

二条城二の丸御殿大広間　ここで、大政奉還が行われた（写真＝元離宮二条城事務所）

ている。

元和九年（一六二三）、徳川秀忠が将軍職を家光に譲り、家光が三代将軍に任ぜられると、後水尾天皇を二条城に迎えることとなり、この行幸に合わせて同城は大規模拡張を行なっている。

寛永元年（一六二四）より改修は行われ、寛永三年に落成。この拡張時に現在の本丸部分が新たに築かれ、全体の規模はそれまでの一・五倍ほどになっている。

本丸の南西隅には伏見城から移築した五重の天守が置かれ、北西に三重櫓、北東と南東に二重櫓を置き、天守と櫓で本丸の四隅を固め、さらにその間を多聞櫓でつないで連立させ、本丸の全周を囲む重厚な守りとした。

天守は寛延三年（一七五〇）に落雷による火災で焼失し、本丸御殿と隅櫓は天明八年（一七八八）の大火で焼失し、その後これらは再建されてはいない。現在は、二の丸に徳川家光の時代に改築され、幕末に修繕された建物多数が残り、その優美な姿は訪れる人の目を楽しませてくれている。

将軍の宿所として築かれた二条城であったが、寛

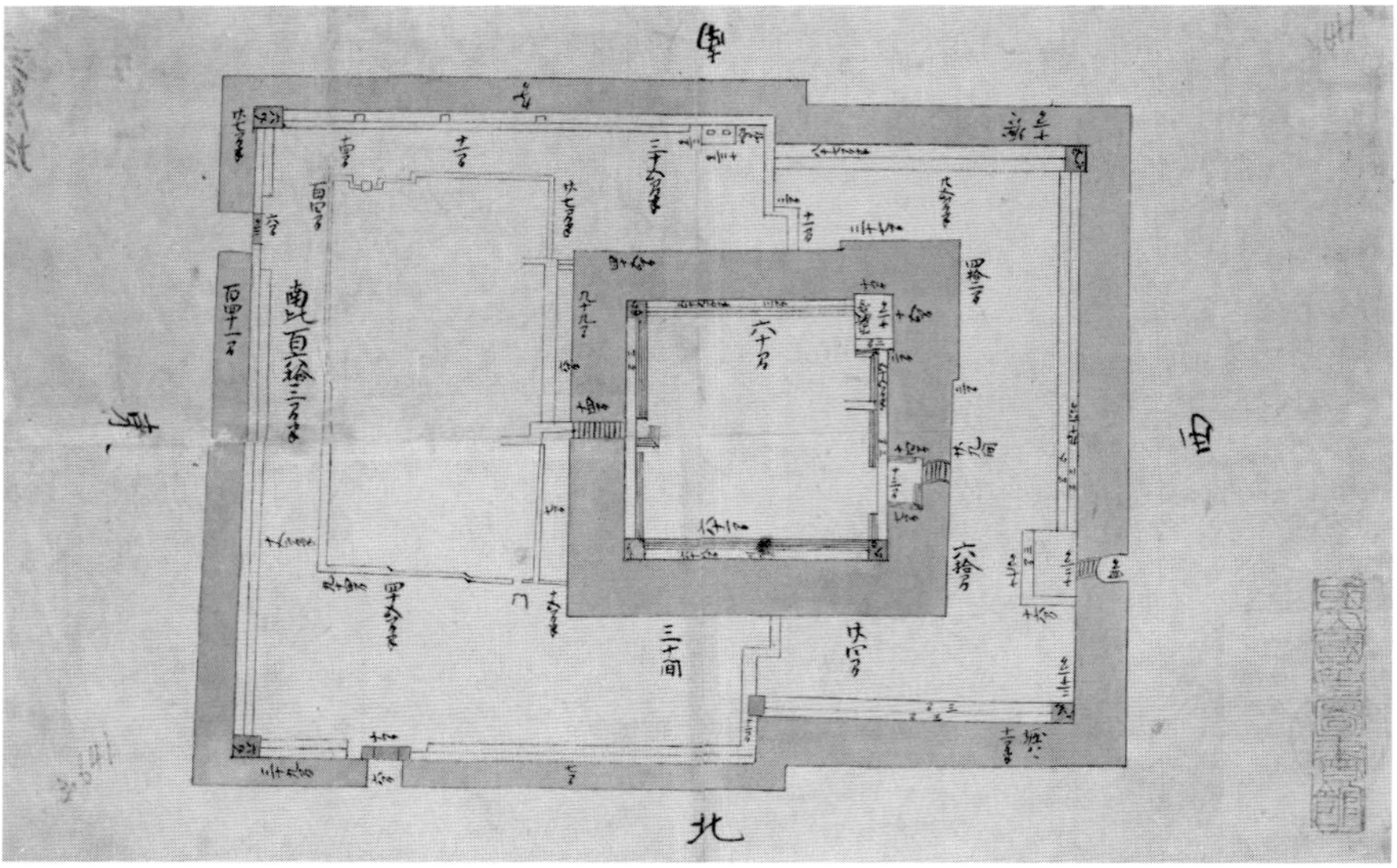

「二条御城」。図の中央の堀に囲まれた部分が本丸、その左が二の丸。『日本古城絵図』（国立国会図書館蔵）より

永十一年（一六三四）に家光が上洛したのを最後に、将軍の上洛も、天皇が将軍家のもとに行幸することも途絶えている。

これは、上洛して天皇に拝謁することよりも、むしろ家康の眠る日光社参が重視されたためで、徳川家の天皇軽視の顕れである。

こうして、将軍の上洛がなくなったことで将軍が二条城を使用することもなくなり、城内は荒れ果てていくことになる。

大政奉還により幕府消滅

徳川家光上洛の約二百三十年後となる文久三年（一八六三）、十四代将軍家茂が上洛することとなり急遽二条城の整備が進められたが、財政難の幕府は、天守や櫓は建設せず、本丸には簡素な仮御殿を建て、二の丸御殿を修復するのみとした。

慶応三年（一八六七）十月十二日、江戸幕府最後の将軍徳川慶喜は、二条城に京都守護職松平容保と在京の老中を呼び、政権（大政）を朝廷に奉還する意思を告げた。この時、殿中に声はなく、ただ静寂が広がったという。

　翌十三日、慶喜は在京する約四十藩の重臣を二条城に呼び、二の丸大広間で大政奉還についての意見を求めている。

　ドラマや小説では、慶喜が大広間の上段より、諸侯に大政奉還について何か意見があるか、直接問うような表現がされているが、実際は慶喜の出座はなかったということが最近の研究によりわかっている。

　新発田藩の家臣が残していた記録によると、慶喜は大広間に姿を見せることもなく、老中板倉勝静が出座し「書付三通を渡すので考えを腹蔵なく申し上げよ。将軍が直々にお聞き遊ばされる」と説明し、三通の書付を渡したという。

　その中に大政奉還の上表文の草案が含まれ、そこには「従来之旧習を改め、政権を朝廷に帰し」といった慶喜の意向が書かれていたのだという（産経新聞二〇一七年十月十四日）。

　十月十四日、朝廷に対し、大政奉還の上表が行われ、翌十五日、朝廷より大政奉還勅許の沙汰書が慶喜に授けられる。この瞬間、二百六十五年続いた徳川幕府は終焉を迎えたことになる。

慶喜は徳川参加の合議制を想定

　しかし、この時点での徳川慶喜の思惑は、かなり楽観的なものであったと思われる。政権運営能力も経済的裏付けもない朝廷であれば、あらためて徳川家に政権を委ねる、または諸侯による合議制の形が取られ、新政体が慶喜（徳川家）を中心とする形でまとまるという可能性は十分にあった。また、山内容堂ら有力諸侯らも、そのあたりを落としどころと考えていたようである。

　実際、岩倉具視らが「倒幕の密勅」を発していなければ、薩摩藩、長州藩のその後の倒幕の動きは封じられ、徳川家の政治的立場は依然として大きなものとして維持されたはずである。なお、この「倒幕の密勅」については偽勅との説が強く、少なくとも正当な手続きを経ての詔勅ではなかったと考えられている。

　この、怪しげな「倒幕の密勅」が岩倉具視から薩長に渡されたのは、慶喜が大政奉還を上表した十月十四日であるが、朝廷は慶喜に、引き続き京の治安維持を含む諸政を継続して行うよう求めている。

王政復古の大号令

大政奉還が行われると、朝廷は諸侯会議により今後の政体を定めるとし、諸大名に上洛を命じている。尾張（徳川）、越前（松平）、薩摩（島津）、土佐（山内）、宇和島（伊達）、安芸（浅野）、肥前（鍋島）、備前（池田）らが上洛を命じられているが、十二月八日までに参集した有力大名は、わずかに薩摩、安芸、尾張、越前、土佐らのみであった。

その顔触れからして、慶喜を軽視するはずのない状況であったが、有力な軍勢を京に引き連れていた薩摩が半ば恫喝し、岩倉具視もこれに賛同して四藩を説得し、五藩は協同を約束して政変を実行することになる。

しかし、五藩の思いが同じであったというわけではなく、親藩の尾張と越前、譜代の山内には、徳川宗家を武力で討伐するつもりはなく、その目ざすところは、慶喜を同列の諸侯とするといったところまでで、その大前提にはあくまでも慶喜を含めての合議制の新政体を構築するという考えがあった。

十二月九日、岩倉具視と薩摩藩が中心となり朝廷内を制圧し、このクーデターで政権を奪取した岩倉らは、「王政復古の大号令」を発して新政府を樹立し、一気に流れを倒幕へと変えてしまう。

この段階で慶喜が強権を発動していれば、在京の幕府側戦力、旗本ら将軍直属の五千、会津藩兵三千、桑名藩兵千五百で京を制圧することは可能であったし、京に近い西国の諸藩、御三家の紀伊藩の兵を動員すれば、大坂の兵力とともに、倒幕勢力を圧倒できたはずである。

全国の大名も、その多くが大政奉還の報を受けて以降も徳川家を支持し続けていた。

慶喜が将軍職を辞退し、政権を返上したということは、徳川宗家も朝廷に仕える「王臣」として、諸大名と同格になったということである。そう考えた場合、諸藩の藩主が徳川家と対等の立場の「王臣」のままでいるということは、これまでの徳川家からの恩を忘れたということと同義である。

この、いわば「忘恩の王臣」という考えが諸藩に広まると、多くの大名が「忘恩ノ王臣タランヨリ全義ノ陪臣」として、徳川への義理立てを優先して、王臣としての身分を捨て、あえて陪臣になるという

二条城は京における将軍の宿舎として築かれ、幕末は幕府の拠点とされた（写真＝望月昭明）

決断をした。

そのため彼らは、朝廷の臣としての身分である官位を返上したいと朝廷に嘆願するのだが、その数は実に、十一月中だけで九十四家を数えている。

立場を鮮明にできないでいる藩も、多くが徳川寄りで、徳川家が積極的に動いた場合は、徳川側になびく藩が大多数であったと思われる。

しかし、慶喜はあくまでも朝廷とは敵対せず、王政復古の大号令が発せられて後は、新政府との衝突を避け、軍勢とともに大坂へと退去している。

鳥羽・伏見での戦いでは、新政府軍は当初、薩摩、長州の兵のみで構成され、他藩は積極的にこれに参加していなかった。

しかし、錦の御旗を見た幕府軍が敗走すると、西国諸藩は雪崩を打ったように新政府側に立ち、あとはご存じの通りである。

慶喜の退去とともに二条城は徳川家の城としての役割を終え、同城は、築城以来一度も戦いを経験しないまま、明治を迎えている。

［滋賀県］

度重なる危機を越えて

彦根城

譜代筆頭井伊家の居城である彦根城は、天守や櫓、門など城郭の遺構が多数残されていて、アクセスの良さもあって、大変にファンの多い城である。近年では、ゆるキャラ「ひこにゃん」の人気もあり、観光名所として常に多くの観光客でにぎわっている。

この彦根城を最初に築かせたのは、徳川家康である。関ケ原の合戦に勝利した家康は、西軍の首魁である石田三成の居城佐和山城をも攻め落とし、これをその所領とともに、井伊直政に預けている。

徳川四天王にも数えられる直政は、井伊の赤鬼とも呼ばれる勇将で、その忠義と勇猛さで、家康から

彦根城

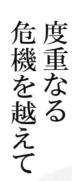

彦根城天守は国宝に指定されている（写真＝［公社］びわこビジターズビューロー）

絶大な信頼を寄せられていた。

近江は天下有数の要地

中山道を扼する近江の地は、東西交通の要衝であり、天下取りを狙う家康にとって確実に支配下に置いておきたい土地である。その地を任された井伊直政は、家康にとって、もっとも信頼できる家臣の一人であったといえるだろう。

近江東部で十八万石を与えられた直政は、三成の居城であった佐和山城を嫌い、佐和山城から北西に二キロメートルほどの磯山に城を移そうと考えていたが、関ケ原の戦いでの傷が癒えず、慶長七年（一六〇二）に死去し、磯山移転の計画は白紙となる。

家督は長男の直継（後に直勝）が継いでいるが、若年で、かつ病弱であったため、政務の多くは家臣が代行した。

新体制となった井伊家では、重臣の木俣守勝を中心に居城をどこに築くかについてあらためて検討し、磯山、佐和山と磯山の間の物生山《むしやま》、佐和山西方一・五キロメートルほどに位置する彦根山の三地点を築城の候補地として幕府に提案。家康は、標高百三十六メートルの彦根山への築城を決定し、慶長八年より工事は行われ、その三年後にはとりあえずの完成を見た。

地図を見れば理解できると思うが、防御を優先すれば磯山、または物生山に築城すべきであるし、経済性を求めるのであれば佐和山城を使い続けてもいい。彦根城から南西十キロメートルほどに位置する独立丘峰で、六角氏の重臣の居城であった荒神山あたりも城地としては悪くはない。しかし、家康が選んだのはあまり標高の高くない彦根山であった。

秀頼を包囲するための城

家康にとっての彦根城は、井伊家の居城というよりも、大坂の豊臣秀頼を包囲する徳川方の拠点の城として認識されていたのだろう。そのため平野部に大軍を集結できることが前提の一つとなり、家康は彦根山を選んだものと思われる。

彦根城は、幕府が主導する形で、七か国十二大名に手伝普請を命じて築かれた。

こうして彦根城主となった井伊直継であったが、病弱で、なおかつ愚鈍であったことから家康から嫌われ、大坂冬の陣では弟の直孝が井伊家の軍勢を率い、直継は上野国安中の関所警護という、ほとんど無意味な役を命じられている。

冬の陣が東西の講和でひとまず落ち着くと、家康は直孝を井伊家当主として彦根十八万石のうち十五万石と彦根城を与え、直継には安中で三万石のみが与えられた。

豊臣家包囲のために築かれた彦根城は、短期で築造する必要があったことから、周辺の城から多くの部材を運んで流用している。天守は大津城からの移築であり、石垣の石には、佐和山城、大津城、長浜城などから運んだものが用いられた。

構造的には、山頂部に詰めの城を置き、山麓に居館を設けるという戦国期に多く築かれた平山城のタイプで、朝鮮倭城に特徴的な構造である登り石垣など、新しい技術もふんだんに取り入れられ、かなり実戦的な、軍事重視の城として築かれた。

城の南側を流れる芹川は、もともとは城の北側で琵琶湖に注いでいたが、これを防衛線として利用す

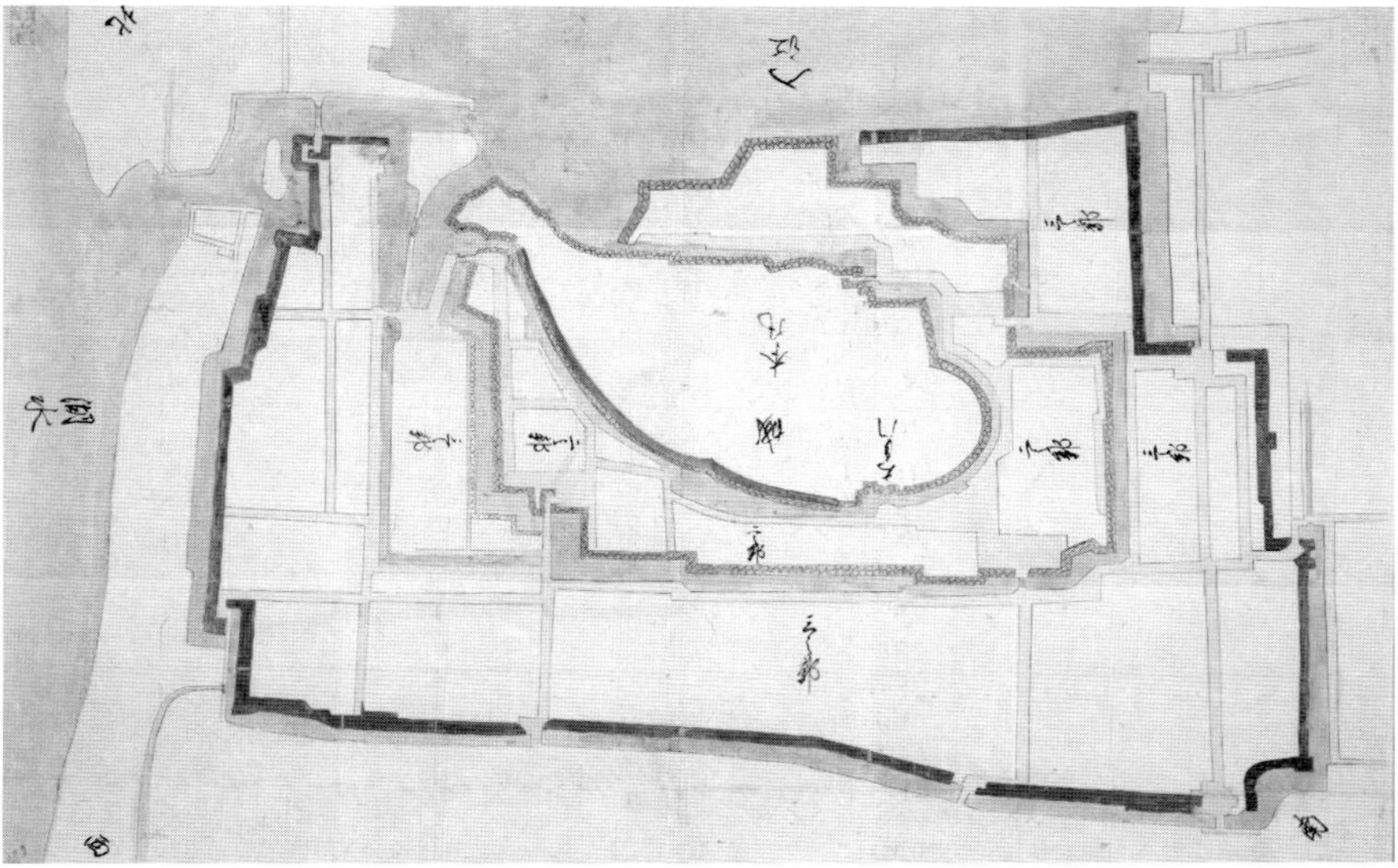
彦根城絵図。彦根城は、豊臣家への備えとして堅固に築かれた。『日本古城絵図』（国立国会図書館蔵）より

るため、運河を開削して南側に付け替えたもので、これにより彦根城は、芹川、外堀、中堀、内堀、本丸と、五重の防衛線を持つ重厚な守りの城として完成した。

残念ながら、外郭の外堀は市街地として開発され不明瞭になってしまっているが、地図を見れば水路や道路の直線により、どうにか確認でき、今もその雰囲気は残されている。

大坂の陣で豊臣家が滅んだ後、直孝はあらためて彦根藩のみで城を改修し、譜代筆頭の大名家の城に相応しい格式ある御殿を建設し、最終的に完成したのは元和八年（一六二二）であった。

井伊家、譜代筆頭の大名に

もともと徳川秀忠の小姓であった直孝は秀忠から重用され、幕政に参画して見事な手腕を発揮した。直孝はその功により三度の加増を受け、彦根藩は三十万石の大藩となっている。さらには天領の米五万俵を預かり、井伊家は格式三十五万石の譜代筆頭の大名家として、幕府内において重きをなした。

江戸幕府の職制中、最高の職である大老は、臨時に置かれる将軍の補佐役である。その権力は絶大で、大老が決断した事項については、よほどのことがない限り、将軍であっても覆すことができないとされたほどである。

大老に就けるのは、土井、酒井、堀田、井伊の譜代四家の家柄のみで、江戸時代を通して十二人が大老職に就いている。井伊家からは、直澄、直該、直幸、直亮、直弼と五人もの大老を出しており、井伊家は幕政の要の存在として諸藩より認識されていた。なお、井伊直孝、保科正之（会津藩祖）の両名も大老とするべきであるとの議論もあるが、まだ大老という名称が用いられていない時代であったことから、ここでは含めていない。

安政の大獄と井伊家の混乱

譜代中の譜代大名である井伊家の幕末は、文字通り激動の時代となり、その荒波に翻弄された。

安政五年（一八五八）、大老に就任した井伊直弼は、大老としての責任感と幕府への忠義心から、幕府に反発する大名家、公家、浪士らを大量に処罰し、その人数は実に七十九人を数えた。この、いわゆる安政の大獄により、直弼は水戸藩士や薩摩藩士らに恨まれ、大老就任からわずか二年後、ついには水戸浪士らに暗殺（桜田門外の変）され、その命を落としている。

直弼は、凋落していた幕府権威を取り戻すため、幕政にマイナスとなる危険分子を処分し、安定した幕府主導の政治、秩序ある徳川の天下を取り戻そうとしたのだが、むしろ諸藩の反発を強めたに過ぎず、大老が暗殺されるという取り返しのつかない失態により、幕府の権威は完全に地に落ちてしまう。

以降、幕府批判は過激になり、幕府の権威の低下と引き換えに、朝廷権威は急激に高まり、直弼の思いとは裏腹に天下は混乱し、文字通りの「幕末」という時代を迎えることになってしまう。

直弼の強権政治の良し悪しはともかく、桜田門外の変そのものについては、不貞浪人による幕府へのテロでしかなく、幕政が正しく機能する状態であれば、犯人の捕縛と厳罰での対処は当然として、浪士を出した水戸藩に対しても厳しい処罰がなされるべきであった。水戸藩の取りつぶし程度のことはしても良かったし、少なくとも当主の隠居と、減封のうえでの転封程度のことはすべきであった。

幕府と彦根藩の確執

しかし、幕府は事件を可能な限り穏便に済ませようと画策し、井伊直弼は急病により相続願いを幕府に提出したという形を取り、これが受理されて後に直弼は病死したと発表した。

これは彦根藩の家督相続を優先してお家断絶を防いだためである。後継が決まっていない状態での藩主の横死は、お家断絶となるのが定法であった。同時に、幕府が家督相続の許可を人質にして、彦根藩の暴発を防いだという見方も可能となる。こうして、公式に病死となった以上、論理的に水戸藩の処罰ができず、水戸藩へのお咎めはなかった。

一方、直弼を守り切れなかった警護の者たちに対し、彦根藩は酷薄な処罰を行っている。家名を辱めたことを理由に、軽傷者については切腹とし、無傷の者については、藩主を守ろうとしなかったとみなされ、斬首とした。

変から二年後の文久二年（一八六二）、幕府では「文久の改革」と後に呼ばれる幕政改革が行われた。これにより、幕府中枢の人事は刷新され、幕政は安政の大獄で弾圧を受けた勢力が握り、後に将軍となる一橋慶喜が将軍後見職となり、越前の前藩主・松平慶永《よしなが》（春嶽）が新設の政事総裁職に任命された。そして彼らは、井伊直弼への報復として彦根藩を処罰の対象とし、直弼の専断政治を理由に三十五万石格から十万石を減封し、同藩は二十五万石とされ、幕府を恨んだ。

こうして、幕政の中心に常にあるはずの井伊家は孤立し、幕府内での発言権を弱めてしまう。新藩主井伊直憲と彦根藩士は、その後も幕府に忠誠を尽して京の治安維持などにあたり、天誅組鎮圧、池田屋事件、禁門の変などで貢献し、旧領のうち三万石を回復している。ここで、幕府も旧領のすべてを返還し、井伊家の名誉を回復するなどしていればよかったのだが、そのような気配りはなく、彦根藩と幕府の溝は埋まることはなかった。

大政奉還の後は、彦根藩は新政府の側として働き、

彦根城鳥瞰。明治天皇の命で取り壊しを免れ、美しい城が残された
（写真＝［公社］びわこビジターズビューロー）

鳥羽・伏見では新政府軍として幕府と戦い、会津攻めなどでも戦功を挙げている。

鳥羽・伏見の戦いで、本来であればもっとも幕府が頼るべき彦根藩が新政府軍となったことは、戦いの帰趨を決定づける一つの要因となった。将軍徳川慶喜が強い意思で戦う決断をしていた場合は、彦根藩も譜代筆頭としてこれに従った可能性があるが、慶喜が戦いを避けた結果、彦根藩は幕府を見限ってしまう。

彦根城は、幕府が西国勢力への備えとして築いた城であるが、彦根藩が離反したことで彦根城はその機能を発揮することなく、倒幕勢力は彦根を越えて東へと進撃し、幕府は滅びている。

彦根城解体の危機

明治四年（一八七一）の廃藩置県により、彦根城は政府所管となり、城は陸軍の駐屯地となった。陸軍により、城門や櫓、城壁などの多くが撤去され、明治六年のいわゆる廃城令を受けて、明治十一年、いよいよ城すべてが撤去解体されることになり、十月には足場が組まれ、解体が始まりかけていた。

　同年、明治天皇が北陸道・東海道を巡幸したことで、彦根城の運命は大きく変わることになる。巡幸とは、天皇の威信を国民に示すため、天皇が全国各地を巡ることであるが、明治天皇は明治五年以降六回にわたってこれを行い、明治十一年に行われた北陸道・東海道巡幸では、東京から埼玉、群馬、長野、新潟、富山、石川、福井、滋賀を巡って京都へと戻っている。

　十一月十一日、巡幸途中で彦根の福田寺に明治天皇が立ち寄った折、住職摂専《せっせん》の婦人が彦根城解体の話を天皇に伝え、これを受けて明治天皇は彦根城の解体中止と建物の保存を命じている。

　住職の婦人である鋼子《かねこ》は、関白右大臣・二条斉敬《なりゆき》の娘で、昭憲皇太后の従妹であった。また、摂専は井伊直弼の従弟であり、摂専が鋼子を迎えた時、井伊直弼の計らいがあったことなどもあり、福田寺と井伊家とは懇意であった。

　一説に、大隈重信が明治天皇に彦根城の解体取りやめを進言したとされるが、おそらくは、鋼子の解体取りやめの進言を受けた天皇が、重信にこれを命じたといったところであろう。


　彦根城は、西国の勢力が幕府と敵対した時、これを防ぐために幕府が築かせた城で、その当主はもっとも信頼できる譜代筆頭の井伊家であった。

　幕末、井伊家当主となった直弼は、幕府を救うために奔走し、それが裏目となって暗殺され、これにより幕府の崩壊が加速されてしまう。幕府と関係性を悪化させた井伊家は、新政府の側に立って行動し、彦根城は倒幕勢力を押さえる拠点として機能することなく、新しい明治という時代を迎えている。

　解体されるはずであった彦根城は、明治天皇により救われているのだが、その縁をもたらしたのは、幕府存続のために命を懸けた井伊直弼であった。直弼は、幕府を守ることはできなかったが、間接的にではあるが、彦根城の保存に大いに寄与したと言えるだろう。

　この不思議な因縁を持つ優美な城は、時代に翻弄されながらも、往時の栄華と品格をそのまま残し、今も静かにたたずんでいる。この城を見る時、その背後にある物語にも、時には思いを馳せていただきたい。

［兵庫県］

戦いをまぬがれた美しい城

姫路城

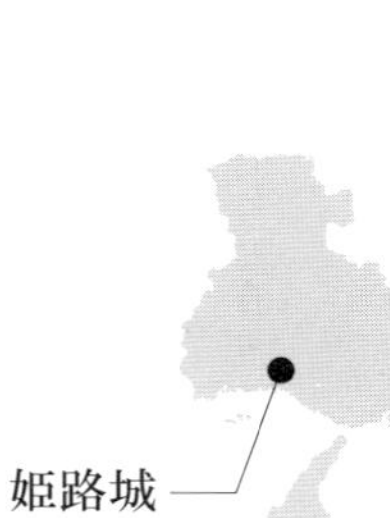

姫路城は、外堀、中堀、内堀と、三重の堀に囲まれた惣構の城で、外堀の総延長は十一・七キロ、総面積二百三十三ヘクタールという巨大なものであった。現在は、内堀の中の二十三ヘクタールと、中堀の一部のみが残されている。城の北側部分の中堀はすでに埋め立てられているが、城門跡の石垣は良好な状態で残されており、往時を偲ばせている。

姫路城は、正平元年（一三四六）、赤松則村（円心）の次男の貞範が、標高五十メートルほどの姫山に、砦レベルの城を築いたのが最初とされる。

それ以前は、赤松則村が姫山山上の寺に城柵を築

姫路城天守。その美しさと端正なフォルムから、白鷺城とも呼ばれている（写真＝望月昭明）

いた程度のものであった。なお、この時点での城の名称は姫山城である。

嘉吉元年（一四四一）、赤松満祐が嘉吉の乱で六代将軍足利義教《よしのり》を謀殺した折、城は山名持豊に奪われてしまう。応仁元年（一四六七）、応仁の乱が起こると赤松政則は山名勢より姫山城を奪取し、領土を取り戻している。その後は赤松氏の支族である小寺氏が城主となる。

後に小寺氏が御着《ごちゃく》城を築いて移り住むと、姫山城は御着城の支城となり、黒田重隆が姫山城に城代として入城している。

秀吉の拠点としての姫路城

黒田重隆の孫、孝高《よしたか》（官兵衛）の時代になると、織田信長の家臣として羽柴秀吉が中国攻略の方面軍司令官（当時はそんな名称はないが）として播磨に入る。孝高は織田家に味方することに決し、この後は秀吉の家臣として全国平定に奔走することになる。

天正八年（一五八〇）、秀吉は落としたばかりの三木城を拠点として対毛利攻略を進めようとするが、

黒田孝高（1546 ～ 1604）肖像。栗原信充画『肖像集』（国立国会図書館蔵）より

孝高は「姫路こそ陸路、海路ともに便がよく、繁栄が約束された地である」と、姫山城を差し出し、秀吉もこれを受けて拠点としている。

秀吉は、姫山城を毛利攻略の拠点として、浅野長政を築城奉行に命じて大規模修復を行い、姫山の西側にある鷺山も城地として取り込み、名称も姫山城から姫路城へと改めた。

姫路城が脚光を浴びたのは、明智光秀による本能寺の変によってである。織田信長が光秀に本能寺で討たれた時、秀吉は毛利方の備中高松城を、水攻めにしていた最中であった。

秀吉は、信長横死の報を受けると、ただちに毛利との講和を成立させ、そのまま弔い合戦のために兵を東へと進めている。

世にいう「中国大返し」であるが、この時、中継点として姫路城は大いに活躍する。秀吉は、姫路城に備蓄された金銀と兵糧のすべてを吐き出してこの中国大返しを成功させているのだが、姫路城がなければその成功があったかは疑問である。

池田輝政から酒井家の城へ

現在残されている姫路城は、関ケ原の戦いで戦功をあげた池田輝政が入城し、拡張した後の城である。

池田氏は一門領地も含めると百万石近くに達する勢力を誇り、輝政は「西国将軍」とあだ名されるほどの勢力を誇っていた。姫路城は西国将軍の名にふさわしく、足掛け九年の歳月をかけて美しい名城に

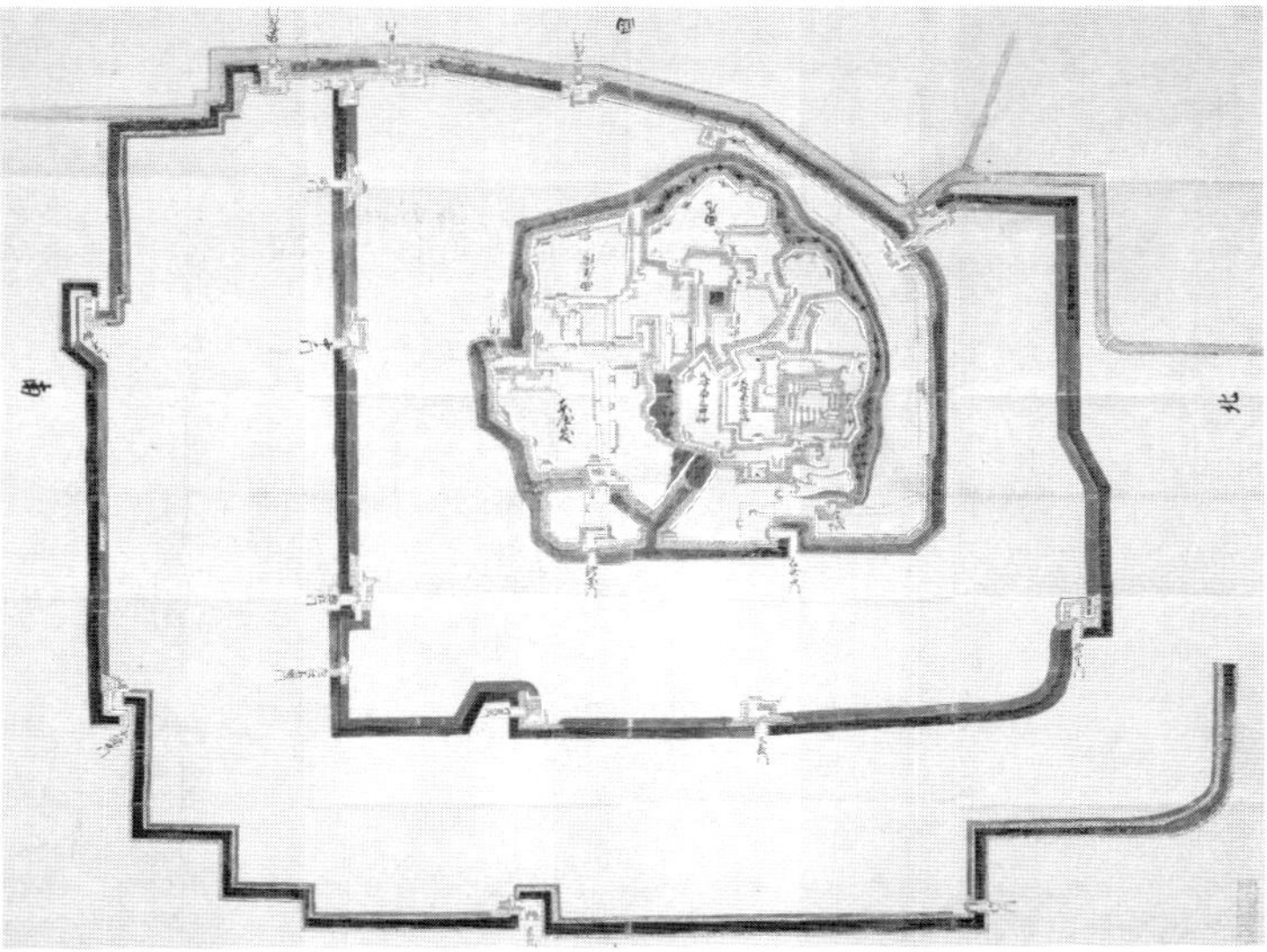

「播磨姫路城絵図」。現在は内曲輪のみが残る。『日本古城絵図』（国立国会図書館蔵）より

仕上げられた。

家康からの厚い信任を受けた輝政であればこそ、これだけの城を築けたのであるが、その目的は、大坂の豊臣秀頼の包囲のためであった。秀吉の出世城が、秀頼包囲の拠点として用いられるとは、歴史の皮肉である。

家康の死後、幕府は山陽道の要衝である姫路を、外様の池田氏から取り上げている。城主は、本多、松平、榊原と目まぐるしく替えられているが、寛延二年（一七四九）に老中首座酒井忠恭《ただずみ》が入封して後は、姫路藩十五万石は、幕末まで酒井家が治めることとなる。

酒井家は、徳川四天王のうちの一家で、大老を出すことのできる家柄であり、幕末も常に幕府寄りの立場を崩さず、大政奉還を迎えている。

幕末の混乱と姫路城

幕末、姫路城は戦火にさらされる危機に陥っている。

七代姫路藩主酒井忠顕《ただてる》が二十五歳の若さで死去す

ると、嫡男がいなかったことから、急遽縁戚にあたる甲州勤番の旗本酒井忠績《ただしげ》を養子に迎え、忠績を姫路藩の藩主とした。忠績は、四歳にして一躍五千石の旗本から十五万石の姫路藩主となったことになる

名門酒井家の旗本として関東で育った忠績の思考は完全に幕臣としてのもので、そこに尊王攘夷などというものが入り込む余地はなかった。藩主となった忠績は、藩内の尊王攘夷派の家臣を弾圧粛清し、姫路藩は完全なる保守佐幕派として幕末を迎えている。

忠績は、京都所司代臨時代行と京都守衛を幕府より命じられ、桜田門外の変後の混乱期にこれを無事務め、その功により老中首座となり、その後は大老に就任している。幕府の軍制改革に寄与した後、慶応三年（一八六七）、隠居して藩主の座を弟で養子の忠惇《ただとし》に譲っているが、その後も藩政には強い影響力を保持していた。

鳥羽・伏見の戦いには、当然ながら幕府側として参加し、姫路藩兵は、千名ほどが上坂している。姫路藩兵は直接戦闘に参加はしていなかったが、大坂では奈良街道の警備を担当し、さらには薩摩・長州が敗走した場合、彼らの退路となる西宮に兵を置いて警戒に当たっていた。

鳥羽・伏見の戦いで幕府が敗走すると、十五代将軍慶喜は軍艦で江戸へと戻っているが、酒井忠惇と忠績もこれに伴って江戸に入っている。

朝敵とされた姫路藩では、藩主不在のまま尊王攘夷派が復権し、新政府軍に恭順の意を示している。同時期、江戸の藩主兄弟の忠績と忠惇は、徳川譜代の臣として、朝廷に直接仕えるのは忠義の道に反すると、姫路藩の所領を新政府に返上すると願い出ている。

姫路城に対しては、備前藩と龍野藩が千五百の兵で開城を要求。藩主不在で意思決定のできない姫路藩が結論を出せないままでいると、備前藩は姫路城に向けて数発、砲撃している。この時の砲撃は空砲であったとされるが、実際に実弾を撃ち込んだとの説もある。

新政府軍が発した、正式な姫路討伐軍には、どういうわけか備前藩は含まれてはおらず、薩摩ほか五藩がその任とされている。そのため、備前藩のこの時点での立場は曖昧なものとなっている。備前藩と

姫路城大天守。現在の天守は、慶長14年（1609）に建築されたもの（写真＝姫路市）

しては、正式な討伐軍が姫路に到着する前に軍功を挙げて実績とするべく、交渉中でありながら砲撃をしたという説がある。また、藩主のいない姫路藩の藩士に、降伏する言い訳を与えるためのものであったともされるが、実際のところは不明である。

姫路討伐軍は姫路藩に、軍艦建造費として三十七万五千両の提出を求め、これを投降の条件としている。交渉の結果、まずは十五万両の軍費献上ということで話は落ち着いたが、姫路藩にはそれだけの資金はなく、討伐軍の総攻撃は避けられない情勢になりつつあった。見かねた姫路の豪商数名がこの軍資金を献納し、これにより姫路攻撃は避けられた。

姫路城に砲撃をした備前藩を率いていたのは、姫路城を築いた池田輝政の子孫の池田茂政《もちまさ》であった。幕府を守るために築いた姫路城に、姫路城を築いた池田輝政の子孫が朝廷側として攻撃を仕掛ける。歴史とは、本当に不思議なものである。

［愛媛県］

名城と名君主

宇和島城

現在残っている天守は、寛文四年（一六六四）から行われた、伊達宗利による大改修の時に建てられたものである。独立式層塔型三重三層の天守は決して大きなものではないが、各層には千鳥や唐破風が配され、外壁は白漆喰総漆籠で仕上げられており、江戸期独特の洗練された品格のある造りで好ましい。

城全体の縄張りは、築城の名手として名高い藤堂高虎によるもの。高虎は文禄四年（一五九五）に七万石で入封し、この地にあった板島丸串城を改修して、慶長六年（一六〇一）に完成。これを宇和島城と名付けている。

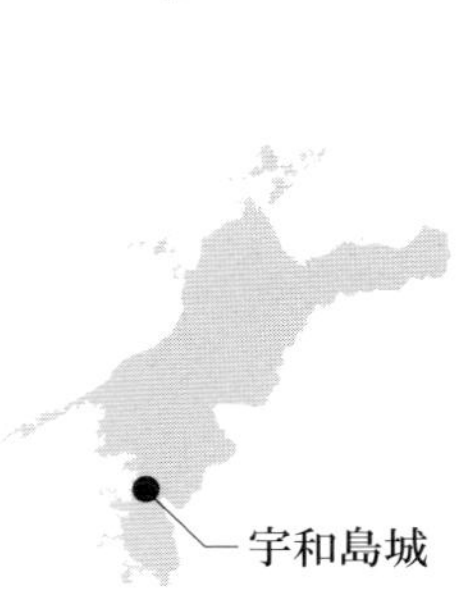

高虎は二辺が海に面する不等辺五角形の縄張りの城を作り上げたが、これは、陸地側から見た場合、四角形の城に見える「空角《あきかく》の経始《なわ》」と呼ばれる構造だとされている。実際、幕府大目付がお庭番を用いて探索したところ、その報告では、十四町四方の城であるとされた。これについては、高虎の縄張りの見事さと高く評価されているが、単に五角形の二辺が海側に突き出ていることで、これが陸側からは見通せなかっただけとの見方もある。

江戸期の絵図三点と、明治期の実測図を掲載しているが、「予州宇和嶋城　その1」では海側が一辺と

宇和島城天守。宇和島城は築城の名手藤堂高虎により築かれた

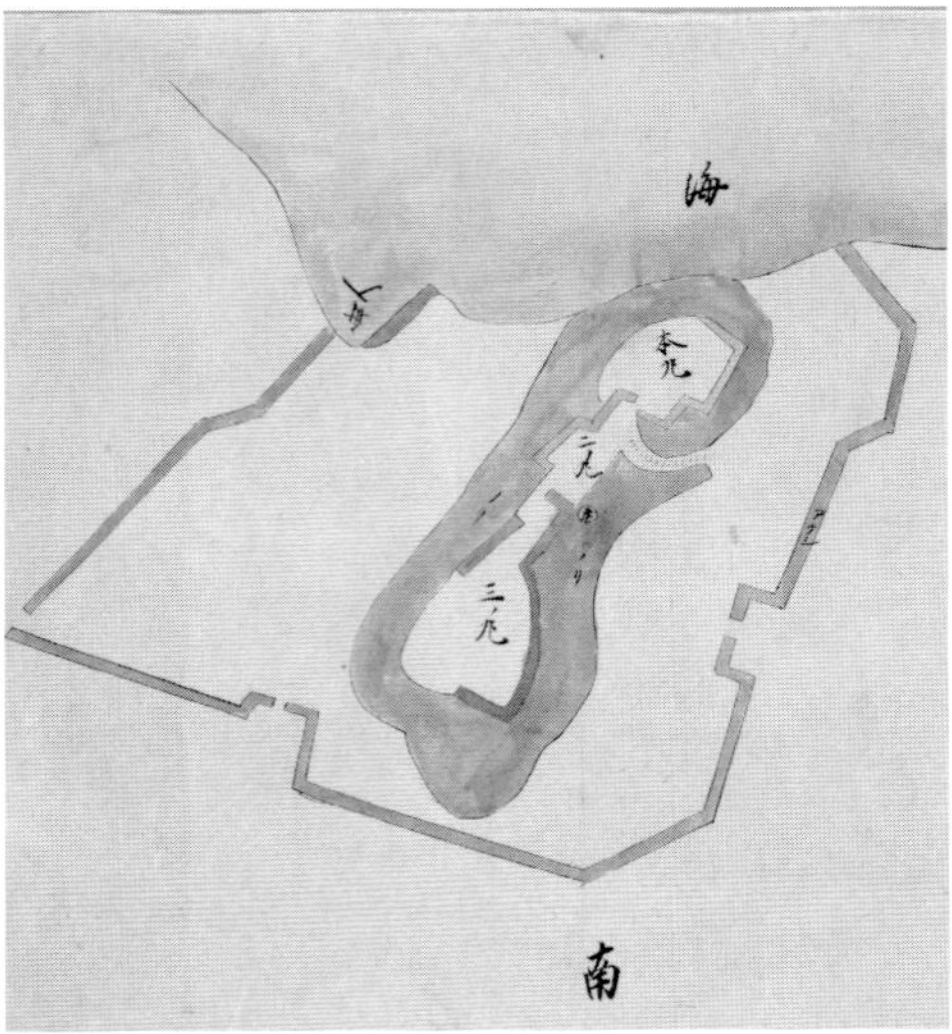

「予州宇和嶋城　その1」。実際は五角形だが方形に描かれている。『日本古城絵図』（国立国会図書館蔵）より

して方形に描かれているが、「予州宇和嶋城図　その2」では、五角形として描かれている。その2が描かれたのは江戸中期以降であり、城の西側が埋め立てられて陸地として活用されているため、海に面しているのは北側のみとなっている。それ以前は西側も海に面していて、一見するとその1のように感じられたものと思われる。実測図（130ページに掲載）での、街区部分のみが当初は陸地であったと考えていただくとわかりやすいだろう。

同城は、西半分を海に接し、東半分の堀にも海水を引き込んで堀としたため、別名海城とも呼ばれている。曲輪は、標高八十メートルほどの丘陵一帯に、本丸を中心に二ノ丸、北に藤兵衛丸、西側に代右衛門丸、藤兵衛丸の北に長門丸を配置。麓の北東部に三ノ丸を置いて、内堀で囲み、その外部に侍屋敷のある外郭をめぐらせた。現在は先ほど紹介した天守のほか、上り立ち門、石垣が残っている。

高虎は関ケ原の功により宇和島を含む今治二十万石に加増され、城の完成を見て国府へと本拠を移し、宇和島城は支城として用いられた。

高虎が伊賀へ転封となるのにあわせ、慶長十三年（一六〇八）富田信高《とみたのぶたか》が伊勢より宇和島に転封し入城。その五年後、大久保長安事件に絡んで信高が改易されると、同地はしばらく天領として幕府直轄とされている。

宇和島十万石の立藩

慶長十九年（一六一四）、伊達政宗の長男である伊達秀宗が十万石で入封。秀宗は庶子であったがために伊達宗家を継げず、そのかわりという形で新領として宇和島を得て、新しい大名家として立藩した。

　通常、嫡男以外の子に領地を与える場合、自領から一部を割いての分地となるのだが、この時代の正宗は将軍家より特に信頼を受けていたため、このような特例を許されたものと思われる。

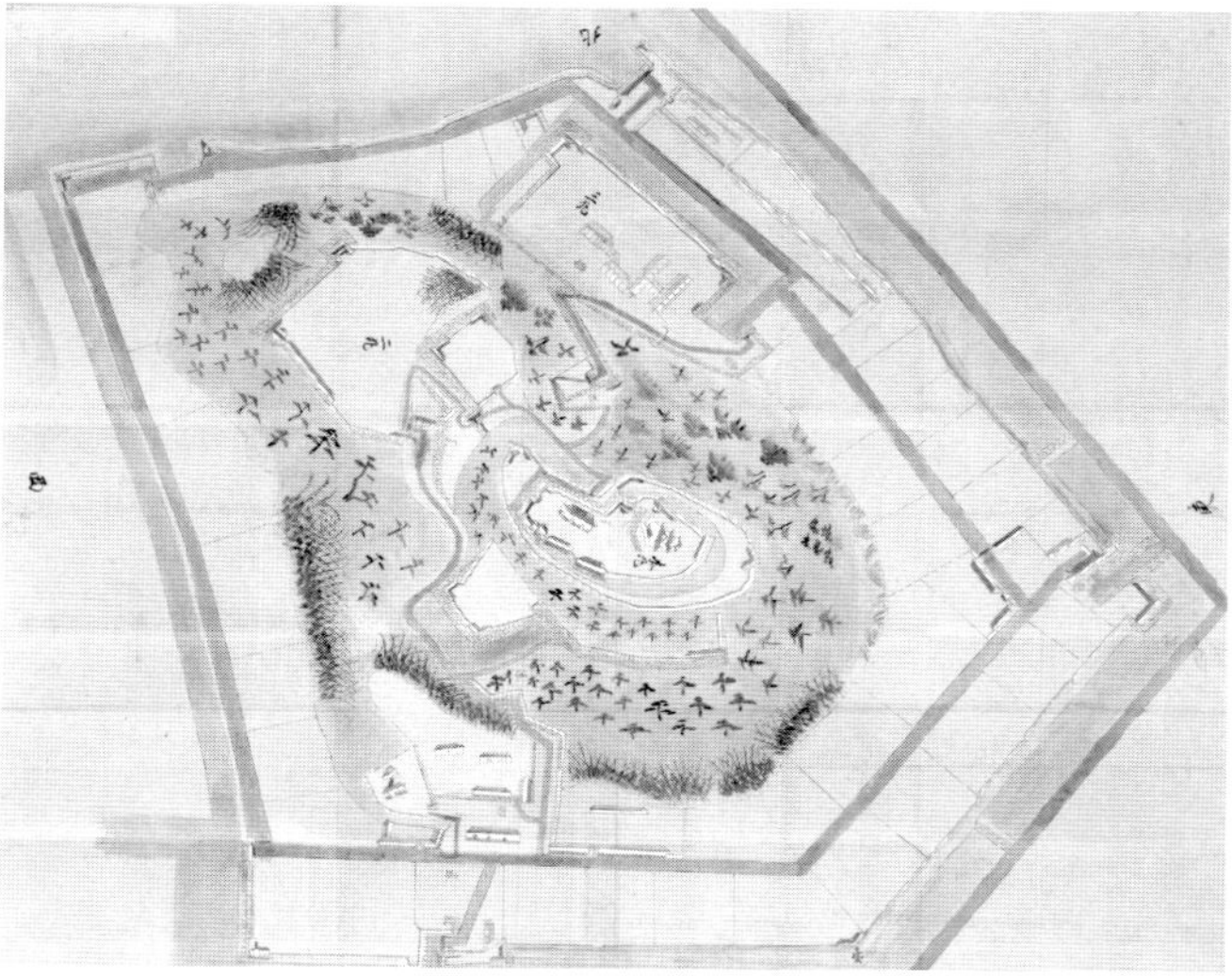
「予州宇和嶋城図　その２」。こちらは実際の形状に近い形で描かれている。『日本古城絵図』（国立国会図書館蔵）より

　伊達秀宗の秀の文字は秀吉より偏諱《へんき》を受けたもので、これは秀宗が秀吉の猶子《ゆうし》となっていた時代のもの。秀宗が伊達宗家を継げなかったのは、これが理由であろうとされている。

　ちなみに、徳川秀忠の秀も同様で、秀忠も秀吉の猶子であった時代がある。それゆえ、徳川将軍家十五代の中で、唯一秀忠のみが源氏の氏の長者・棟梁にならずに将軍となっている。

　氏の長者とは、その一族を束ねる最上位という意味で、言い換えれば、家康は生涯権力を握り続けて秀忠の上位に君臨していたということになる。

　実直な秀忠はこれを是とし、家康が死んだ後も源氏の氏の長者にはなっていない。その時代には、名目としての氏の長者が不要であるほどに、秀忠の権勢が確立していたことの証左でもあるのだが、同時に実質のみで足りるとした、秀忠の人柄、現実を優先する思想にもよるのだろう。

　後年、といっても秀忠の死後なのだが、幕府は宣

宇和島御城絵図。西側は埋め立てにより陸地化している（愛媛県歴史文化博物館蔵）

旨をなくしたという形を取り、過去に遡って、秀忠が氏の長者に就任したとする宣旨を朝廷に再発行させている。このように、秀忠ですら秀吉の猶子となり偏諱を受けたことで様々に気を使っていたのであるが、政宗が幕府に気遣い、秀宗に家督を譲ることができなかったというのも、わかろうというものだ。そして、秀忠がそれを身に染みて理解していたことで、秀宗に特例を許したとも思えてしまう。

こうして、幕府より特別な扱いを受けて誕生した宇和島伊達家は、外様でありながら譜代に近い立場の藩として江戸時代を生きることになる。

伊達宗城（1818〜1892）肖像。『幕末、明治、大正回顧八十年史』（国立国会図書館蔵）より

名君伊達宗城

第八代藩主の伊達宗城《むねなり》はなかなかに傑物で、幕末の四賢侯の一人に数えられている。四賢侯とは、幕末に活躍した大名四人のことで、ほかは福井藩三十二万石の松平慶永（春嶽）、土佐藩二十四万石（実高約五十万石）の山内豊信《とよしげ》（容堂）、薩摩藩七十七万石の島津斉彬である。彼らと比較すると、宇和島藩の規模は少しばかり見劣りするが、宗城の高い調整能力と人柄は大きな武器であり、その影響力は決して低いものではなかった。

宗城は、西洋文明の導入にかなり積極的で、幕府に追われる蘭学者・高野長英を藩内で匿い、海防強化の指導を受け、洋書の翻訳などを依頼している。

嘉永六年（一八五三）には、長州藩出身の蘭学者大村益次郎を招聘し、指導を受けている。

益次郎は無名で、なおかつ村医という低い身分で実績もなかったのだが、宗城は蘭学者の二宮敬作《にのみやけいさく》からの推挙を素直に信じ、いきなり百石取りの好待

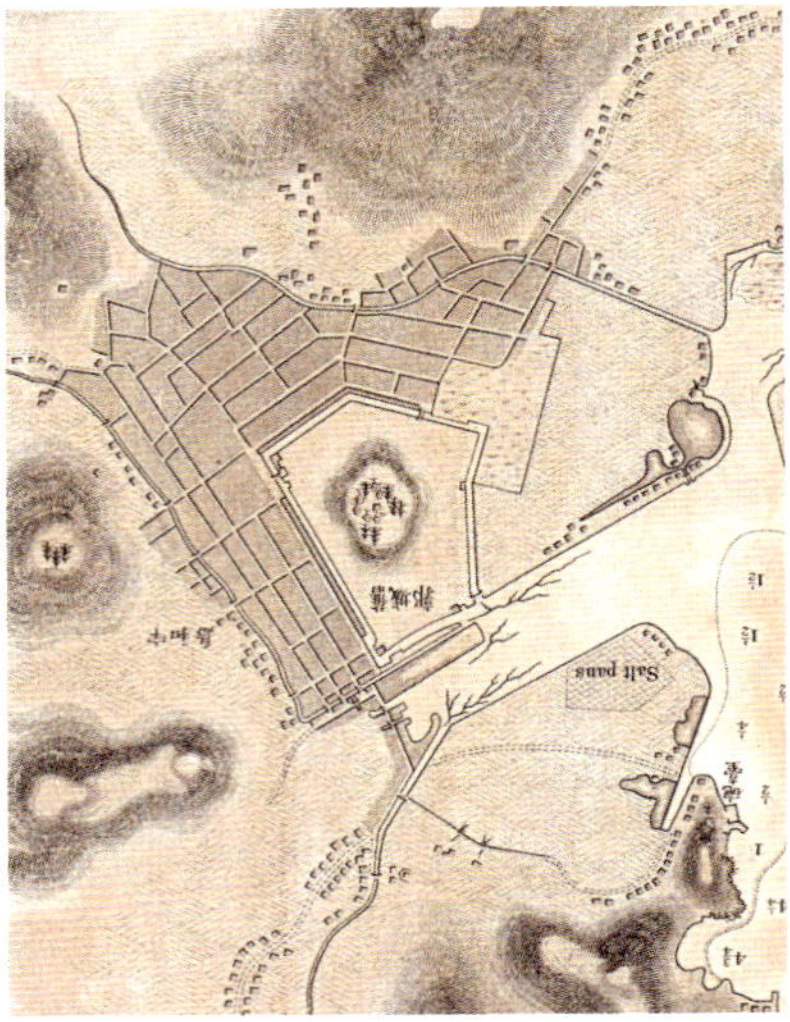

明治期の実測図「兵部省海軍部水路局 大日本海岸実測図 伊予宇和島湾」（国立国会図書館蔵）

遇で彼を迎えている。

宗城は、藩士への蘭学や兵学の講義、蒸気船の建造や砲台の設置等を益次郎に依頼し、益次郎はこれらを見事にこなしている。

益次郎は、小器用な職人として知られていた提灯屋の嘉蔵《かぞう》（後の前原巧山《まえばらこうざん》）とともに、軍艦研究のために長崎に留学し、失敗を重ねつつも安政六年（一八五八）には小型蒸気船の建造に成功しているが、これは驚くべき快挙である。

この完成は、大村益次郎の知識、嘉蔵の技術力とともに、何より、伊達宗城の人物の大きさがあってこそである。高名な蘭学者から推挙のあった益次郎はともかくとして、城下の提灯屋に過ぎない嘉蔵に大きなプロジェクトを任せ、なおかつ失敗を重ねてもこれを許し、多数の家臣が嘉蔵を非難する中、彼をかばい最後まで信じて完成にこぎつけたのは、リーダーとしての宗城の力量によるものである。

宗城は、英国艦隊が宇和島に来航した折、イギリス公使ハリー・パークスや通訳のアーネスト・サトウらを宇和島城の屋敷に招き、家族ぐるみで彼らをもてなし、宴会の席では、イギリス風のダンスを自ら踊って彼らを喜ばせ、心の底からの信頼関係を築いている。彼にとって、身分や人種の違いに意味はなく、人は人であり、平等で同じ存在であった。無名の蘭学者も提灯屋も、異国人すら対等に思える宗城は、江戸時代には珍しいタイプの大名であった。

維新後は外交で活躍した宗城

政治面では、宗城は幕府の存続を願って公武合体を推進し、参預会議、四侯会議に参加するなど積極

宇和島城跡から、風光明媚な宇和島湾を望む

的に国政に参画した。彼は幕府の立場を理解し、主家である慶喜や本家筋の仙台藩をかばうために、薩摩や長州の強硬派と対立する場面もあったという。

個人的に薩摩の島津氏との交流が深く、大政奉還後は新政府に参加しているが、戊辰戦争での薩長の横暴なやり方に不満を持ち、新政府参謀を辞任するという男気も見せている。

維新後は、英国とのパイプを高く評価され、外交の場を中心に政界で活躍した。時には英国側から、宗城を、と交渉相手として指名されるほどで、日英外交において、宗城はなくてはならない存在となっていた。

明治維新後の宇和島城は兵部省《ひょうぶ》の帰属となり、大阪鎮台《ちんだい》に管理されている。城内の建物の多くは明治初期に撤去されたが、天守は残された。

第二次大戦では何度も空襲に遭っているが、奇跡的に天守は被害を免れ、その端正な佇まいを今に残している。

第四章

光芒

星に彩られた最後の城たち

［北海道］

残念で幸せな北の要塞

五稜郭

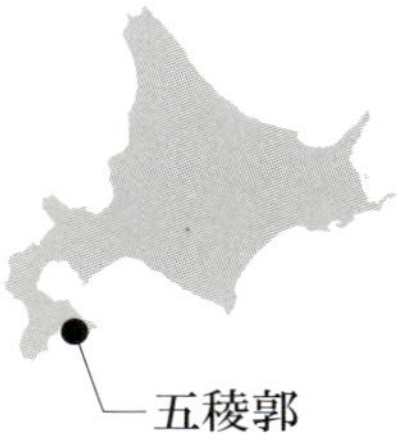

明治維新の折、幕府勢力は鳥羽・伏見で敗北を喫して以降、倒幕勢力である薩摩・長州連合軍に抵抗らしい抵抗を見せないまま、その本拠である江戸城を明け渡している。こうして徳川幕府は終焉を迎えているのだが、これは、十五代将軍徳川慶喜に、朝廷への恭順の意思が早い段階から強くあったためである。しかし、旧幕府側の一部はこれに納得できず、江戸開城後も武力抵抗を継続した。

しかしながら、錦の御旗を掲げ、官軍として進撃を続ける新政府軍の勢いに抗することはできず、上野戦争、北越戦争、会津戦争で旧幕府勢力は敗れ、

函館五稜郭は函館開港時、函館奉行所として築造された西洋式の稜堡型城郭

旧幕府軍の残存勢力は蝦夷地（現在の北海道）へと渡り最後の抵抗を試みることになる。

その主力となったのは、榎本武揚《えのもとたけあき》率いる八隻の旧幕府艦隊、開陽丸《かいようまる》、回天丸《かいてんまる》、蟠竜丸《ばんりゅうまる》、千代田形《ちよだがた》、神《しん》速丸《そくまる》、美賀保丸《みかほまる》、咸臨丸《かんりんまる》、長鯨丸《ちょうげいまる》と、彰義隊、遊撃隊、伝習隊、衝鋒隊《しょうほうたい》、新選組といった、旧幕府軍の諸隊の残党、新政府軍に従うことを潔しとしなかった諸藩の藩士、幕府の軍事顧問として来日していたフランス軍人などで、その兵力は仙台の宮古湾を出港した時点で約三千。後に合流した兵などを含め、総数は約三千五百から四千ほどと推測されている。

蝦夷の政庁函館五稜郭

幕末の蝦夷地は、そのほとんどが幕府直轄地とされ、松前藩領を除く地域は、函館奉行が管轄し、その拠点は西洋型城郭で知られる函館五稜郭であった。

明治維新時には松前・江差《えさし》周辺の松前藩領を除き、蝦夷地の大部分は幕府が直轄し、その政庁として、箱館奉行が置かれていた。幕府が倒れた後、新政府はこれに代わり、箱館府を設置したが、ここに有力

上空から見た五稜郭
（国土地理院　航空写真　2011-10-14 撮影　函館）

な兵力を置くだけの余裕は新政府にはなく、函館の防備兵力は箱館府兵約百と、わずかな松前藩兵のみとなっていた。

　旧幕府軍が蝦夷に向かっていると知った新政府軍は、函館に大野藩兵七百、弘前藩四小隊、福山藩兵百七十を援軍として送ってこれに備えていたが、総数で約千ほどの寄せ集めの兵では、歴戦の旧幕府軍に抵抗することは不可能であった。

　明治元年（一八六八）十月十七日、宮古湾を出港した旧幕府軍は、二十日に少数の兵を上陸させ、さらに二十二日には主力を函館湾の北側、内浦湾《うちうらわん》側の鷲ノ木《わしのき》へと上陸させている。旧幕府軍は兵を二手に分けて函館へと進撃、一隊は駒ケ岳の西側を真直ぐ南下し、一隊は亀田半島を東に迂回して川汲峠《かっくみとうげ》を通り五稜郭の東側へと進んでいる。どちらも函館府側との小競り合いはあったもののこれを一蹴。函館府軍は早々に津軽へと撤退し、旧幕府軍は函館をほぼ無血で手に入れることに成功している。

函館共和国の樹立

　十一月四日、英軍艦サトライト、フランス軍艦ヴェニウスが函館に入港。翌五日、函館に駐在していた英仏領事と英仏艦の艦長とが打ち合わせをし、八日には両艦長と榎本は会見している。この時、榎本を高く評価した両艦長より榎本は、

一　英仏艦は、この国内問題（榎本らの行動と新

箱館御役所（奉行所庁舎）。函館戦争では旧幕府軍・函館政権の拠点として利用された（写真＝治部左近）

政府との対立）に対し、厳正中立の立場をとる。
二　旧幕府軍に「交戦団体」としての特権は認めない。
三　旧幕府軍の函館の勢力を、「事実上の政権（Authorities De Facto）」としては認定する。

という覚書を受け取ることに成功している。これは、決して英仏本国の意向ではないが、軍艦の艦長というきわめて高い立場の公的な人物が認めたものという意味で、外交的にもそれなりに意味や価値を持ちうるものであり、国際法に関する知識を持つ榎本は、これを大いに喜んだ。

榎本らの行為を、日本における単なる国内問題として見る場合は、「厳正中立」という言葉は用いられることはなく、本来的には内政不干渉と表現されるべきものである。

「交戦団体」（広辞苑によると「国際法上の交戦者としての資格を認められた反乱団体」）として認めないという文言があるが、榎本のもともとの考えは、旧幕臣の生活を守るため、彼らを蝦夷に移住させ、開拓してここに暮らすというものであった。つまり、完全な独立を求めているわけではなく、新政府の転覆や、独立国家になるという意思はない彼らにとって、「交戦団体」としての特権は不要であり、この点についても問題はなかった。

事実上の政権とは、ほとんど国家に近い体裁を整えた状態を指すのだが、これもかなりひいき目に見た表現である。

諸外国が蝦夷共和国を実質的に認めた後であれば、実際に独立することも考えられるだろうし、なにより新政府との交渉において、かなり有利な立場に立つことが可能となる。ここで誤解してはいけないのだが、榎本らは共和国を名乗っていないし、それを求めてもいなかった。榎本と会見した英国公使館書記官アダムズが「共和国（リパブリック）」という表現をしたことで、この呼称が用いられたにすぎない。

蝦夷地平定と公選入札

勢いに乗る旧幕府軍は、松前藩攻略を目指し進軍し、十一月二十二日までにはこれを平定している。

蝦夷平定に成功した旧幕府軍は函館五稜郭を拠点とし、明治政府と対峙し、交渉するための次のステップへと進んでいる。

共和国に参加した旧幕府軍には、幕府海軍の副総裁（事実上の海軍指揮官）・榎本武揚、桑名藩主・松平定敬《さだあき》、備中松山藩主・板倉勝静《いたくらかつきよ》、歩兵奉行・大鳥圭介、旧新選組副長・土方歳三といった、錚々たる人物が揃っていたが、藩主や幕閣クラスから、土方歳三のような実際の戦いで評価されている人物まで、その立場はさまざまで、決してまとまりの良い集団というわけではなかった。

しかしながら、幹部の多くが西洋の最先端の情報に接していた知識人であり、なおかつ行き詰った幕府の政治システムに不満や失望を抱えていた人々であったことから、それぞれが高い理想のようなものを持っていたように思われる。

彼らは、共和国の政治体制を整えるため、最高責任者である総裁を含む、主要ポストを民主的な手法である「公選入札」（選挙）により行っている。

選挙に参加したのは指揮官クラスに限られはしたが、投票総数八百五十六という数字からは、下士官クラスまでがそこに参加することをゆるされていたように思われる。

その結果、総裁には榎本武揚、海軍奉行に荒井郁《いく》之助《のすけ》（旧幕府軍艦頭）、副総裁に松平太郎（旧幕府陸軍奉行並）陸軍奉行に大鳥圭介（旧幕府歩兵奉行・伝習隊を指揮）、陸軍奉行並に土方歳三が選ばれている。

「五稜郭創置年月取調書」。明治 12 年（1879）に提出された五稜郭の図面（函館市中央図書館蔵）

こうして、旧幕府軍の残党は新しい政権を蝦夷の地で半ば樹立し、政庁とした函館五稜郭で翌明治二年を迎えている。

予算不足で未完成だった五稜郭

函館五稜郭は、亀田塁、亀田役所とも呼ばれ、もともとは幕府が蝦夷地と函館港を管理運営するための政庁である函館奉行所の拠点として築かれたものである。

その設計は西洋式の幾何学的なもので、五つの突き出した稜を持ち、上空から見た形状が星型をしていることから五稜郭と呼ばれている。

この城は、西洋の近代型築城形式により設計されているが、この時代の日本には、ヨーロッパに留学して本場の築城術を本格的に学んだ者は存在しなかった。設計者は伊予大洲藩の武田成章《なりあき》。信濃松代の佐久間象山に兵学・砲術を学んだ俊才である。彼は、フランスの築城家フランソワ・ボーバン（一六三三

土方歳三（1835 ～ 1869）。明治２年撮影（函館市中央図書館蔵）

榎本武揚（1836 ～ 1908）。『近世名士写真』（国立国会図書館蔵）より

～一七〇七年）の著書をベースにこの城を設計したとされるが、その底流には、佐久間象山の薫陶があったことになる。

ヨーロッパでは「ボーバンに囲まれた町は必ず陥落し、ボーバンの築いた城塞は難攻不落」という諺すら生まれたほどで、実際、ボーバンは五十三回の攻城戦を行い、そのすべてで城を攻め落としている。その逆に、ボーバンが築いたフランス北部の三十の城塞は、オランダとの戦いでは圧倒的な強さを発揮した。

函館五稜郭は、もともとの予算案では、弁天岬台場、築島台場、五稜郭及び役宅で、総額四十一万八千七百六十両を想定し、毎年二万両ずつ二十年で整備する予定であったが、八年で幕府の資金が不足し、そのため各所で設計を簡略化して、強引に竣工させている。

当初は石塁ではなく土塁とする予定であったが、土塁では冬季に凍結してしまい構築とその保持が困難であるため、石塁に変更されている。これも資金不足と施工期間が延びた要因の一つである。

当時の絵図を見ると、五稜郭全体を方形の土塁が囲んでいたようであるが、予算が削減され、簡略化したことを埋め合わせるために、安価で築造できる土塁で囲み、わずかでも防御力を補完しようとしたのであろう。

弁天台場と五稜郭、五稜郭の建築物のみでほぼ二十万両を費やし、そのどれもが中途半端な形で工事は終了している。

何より問題であったのが、最重要というべき火砲が揃えられておらず、単なるハリボテのままであったという点である。想定された約四十二万両の予算の中には砲の購入予算も含まれていたが、結果として砲は形のみの古いものが設置され、旧幕府軍が五稜郭に入った直後、大鳥圭介は「有事の時は防御の用に供し難き」と嘆いたという。

大手前方にのみ三角形の半月堡・ラヴリン(ravelin・日本でいう馬出し)を設けているが、当初計画ではこれを五か所すべての虎口に設置する予定であったが、予算不足で大手の一箇所のみの構築となり、五稜郭の防御力不足の一因となっている。

日本でも、戦国時代に馬出しはそれなりに発達している。甲斐武田家の丸馬出し、北条家が好んだ直線による角馬出しなどが知られているが、日本では極端に鋭角な形には進化しなかった。とはいえ、日本にも幾何学的な形状の城は存在し、静岡県藤枝市にある田中城などは、ほぼ完全な円形をしている。戦国時代が長引き、このまま築城技術が発展すれば、日本の城郭にもボーバン流のような設計が誕生する可能性はあったが、戦国の世が終焉し平和が続いたため、西洋で発達したような近代的な設計思想の城は、生まれることはなかった。

時代遅れの設計思想

総面積二十二万平方メートル、周囲三千五百メートル、三十メートル幅の濠で囲まれた五稜郭は、一見して非常に堅固な近代要塞に感じられるが、火砲の発達により、その完成時にはすでに時代遅れの存在となっていた。ましてや本来の設計よりも簡略化され、火砲の整備が整っていないのでは、無用の長物でしかなかった。

元治元年(一八六四)竣工の城が、一七〇七年に死んでいる人間の技術・思想である時点で、すでに

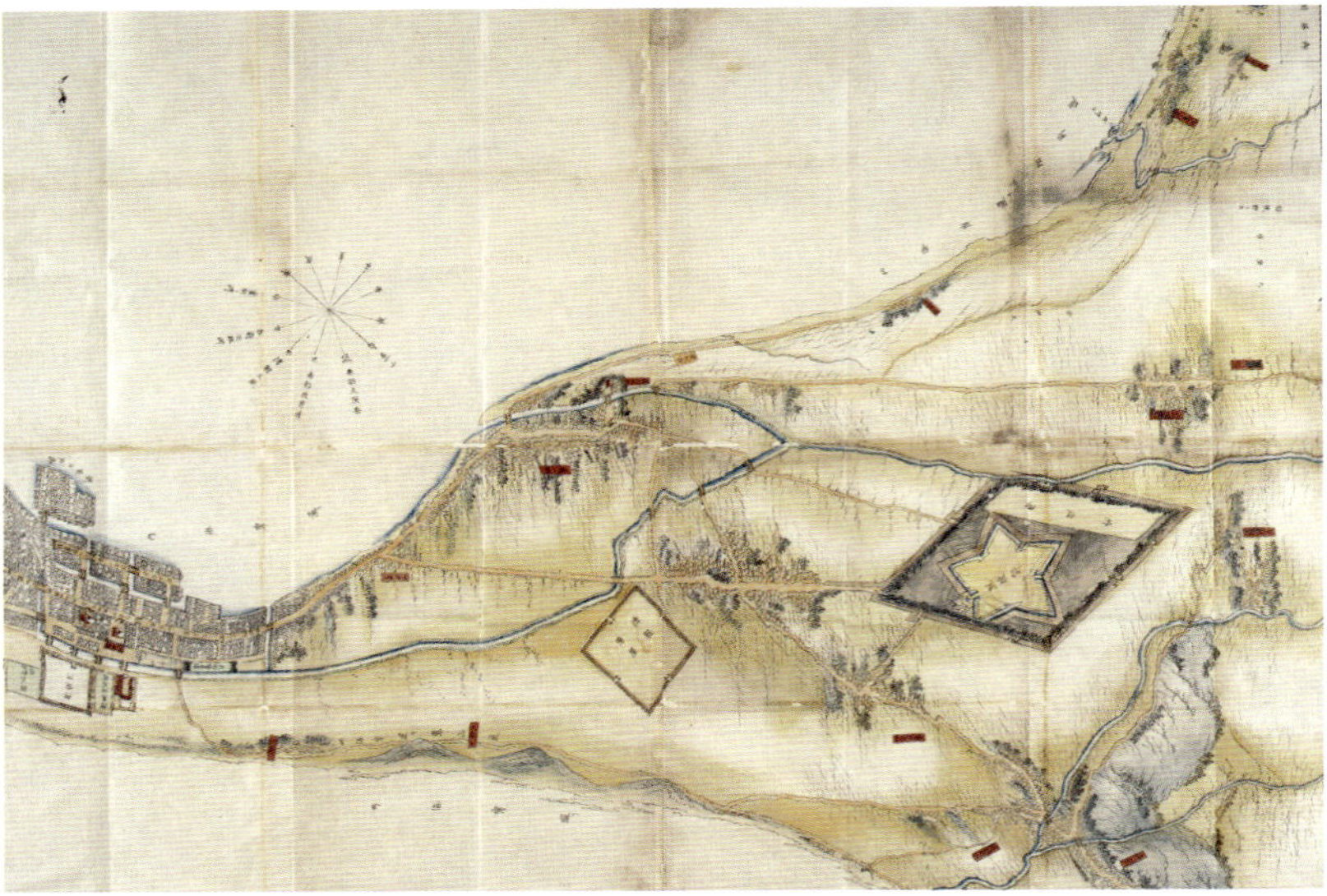

「函館五稜郭周辺絵図」。当時の五稜郭周辺が描かれている。橋本玉蘭斎画（函館市中央図書館蔵）

時代遅れであることがわかってしまうが、当時の幕府にとっては、西洋式というだけでそれなりの説得力があり、技術についての比較検討もないまま、工事は進められてしまった。

残念ながら、当時の幕閣には、軍事技術に進化があるという概念がなかったのであろう。なんとも前時代的な話であるが、そのような体質の幕府であったからこそ、明治維新が成立したとも言えるのだが。

実際、江戸期を通じて、国内では火砲の進化はほとんどなく、大坂の陣当時の砲とさほどに変わらない大砲が現役で用いられていた。

しかしながら、西洋での火砲の発達は著しく、英国のアームストロング砲やドイツのクルップ砲などは、射程が四～五千メートルもあり、五稜郭に対してであれば、函館湾からの軍艦による砲撃でも城内すべてが攻撃可能であった。

ボーバン流の城塞は、銃砲の死角を消滅させる縄張りがその本質的特長である。しかしこの時代には砲が長射程となり、なおかつ砲弾内部に炸薬が仕込まれ、着弾すると爆発する榴弾が発明されたことで、このタイプの城塞の価値は激減していた。

「麦叢録附図」。箱館戦争の記録である「麦叢録」に戦闘の様子が描かれている（函館市中央図書館蔵）

五稜郭落城

明治二年一月、新政府軍は、幕府が発注していた最新鋭の軍艦・甲鉄《こうてつ》の引き渡しを受け、海軍力の増強に成功している。

同艦は、アメリカが南北戦争中にフランスで建造した軍艦で、当初は幕府が買い入れる約束をしていたものであったが、共和国軍の主力艦であった開陽が前年の十一月に座礁沈没したことで、アメリカが共和国側に勝機がないと判断し、明治政府に引き渡したものと思われる。

海軍力での優位性を失った共和国軍は、政府軍の蝦夷上陸を拒むことができなくなり、敗北は必至となった。

政府軍は諸藩の兵八千を率いて四月九日以降順次蝦夷に上陸し、各戦線で勝利を重ね、五月十一日には函館に総攻撃を開始している。

榎本武揚ら共和国軍は、五稜郭と弁天台場の連絡線が切られてしまい、有効に政府軍に抗することができなくなり、敗色が濃厚となってしまう。五月十二日には、函館湾洋上から甲鉄が五稜郭に砲撃を

箱館弁天台場全景。武田斐三郎が設計した函館湾防備のための台場（函館市中央図書館蔵）

加え、勝敗は完全に決してしまう。甲鉄の砲の射程は四千メートル。海岸から三千メートルの五稜郭は、完全に射程内であった。

共和国軍の根幹の戦略の一つに、優位な海軍力で制海権を維持するというものがあったが、これが崩れてしまえば、不完全で時代遅れの五稜郭では攻撃を支えられないのは自明である。

元新選組副長土方歳三の働きなどには目覚ましいものがあったが、すでに個人の武芸が生きる時代は終わっていた。

五月十二日の夜、政府軍は降伏勧告の使者を五稜郭に送るも、共和国側は一旦はこれを拒否している。この折、榎本はオランダに留学した時に入手した国際法に関する書物を政府軍参謀・黒田清隆に送り届けている。貴重な書物を日本のために役立ててくれという榎本の想いと行動は、榎本らの行動が、決して私心からのものではないことを示している。

十五日に弁天台場が降伏、十六日には千代ヶ岱陣屋が陥落し、五稜郭は完全に孤立し、共和国軍は五月十七日に降伏を受け入れ、翌日には全兵士が投降して函館戦争は終結する。

五稜郭の半月堡（ラヴリン）。虎口（出入口）を守るための、日本の「馬出」に相当する構造

完全なる明治時代へ

戦いの後、将兵すべてが投獄されているが、ほとんどは翌年には釈放され、榎本ら幹部も、明治五年に釈放されている。

その後榎本は、明治政府に出仕し、大臣を歴任。黒田清隆とは生涯友情を温める仲となった。

五稜郭は、当時の日本では最新式の城郭であったが、中途半端な形で施工が終了し、砲火力の急速な進歩もあり、完成時にはすでに、城郭としては時代遅れの存在であった。

ある意味で残念な城ではあるが、それでも、城として戦うことができたことは、五稜郭にとっては幸運であったように思われてならない。

日本中に存在した城のほとんどは、城として戦うことも、歴史を彩る記念碑となることもなく、明治時代にただただ破壊されて姿を消しているのだから。

五稜郭は、日本の歴史に燦然とその存在感を示し、その美しさから今では観光名所として人々を楽しませている。

［北海道］

五稜郭防衛で急造された砦

四稜郭

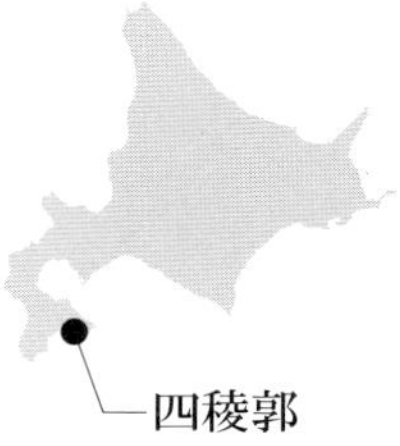

明治維新は無血革命だったと勘違いしている人が少なくないが、幕末の日本は内戦状態にあったと考えるべきである。元治元年（一八六四）には御所付近で長州勢が会津、薩摩、桑名といった幕府側の諸藩連合軍と戦い敗走し（禁門の変）、直後に幕府は長州を攻撃すべく出兵している（第一次長州征伐）。その後は第二次長州征伐があり、さらには鳥羽・伏見の戦いから函館戦争まで、間違いなく日本は動乱の中にあったと言えるだろう。

それまで日本の統治者であった徳川将軍家は、鳥羽・伏見での敗北とその後の江戸城開城で完全にそ

北斗市側から見た函館の町。海の向こうに下北半島が見える

の地位を失い、日本という国は明治新政府により統治される形となった。しかし、幕府の一部にはこれに納得しない勢力もあり、彼らは新政府に抗い、戦いを継続した。

海軍を中心に旧幕府軍が抵抗

旧幕府の海軍副総裁であった榎本武揚は、総裁矢《や》田《た》堀《ぼり》景《けい》蔵《ぞう》が新政府軍と幕府艦隊の引渡し交渉のために上陸していたスキを突き、艦隊主力を奪って逃走。榎本艦隊は、奥羽越列藩同盟からの支援要請を受けて仙台に向い、奥羽越列藩同盟が各所で敗北を喫すると、転じて蝦夷地（北海道）の函館に向かっている。蝦夷地を平定した榎本は、この地に新しい政権、いわゆる「蝦夷共和国」を樹立し、新政府と対峙した。

彰義隊、遊撃隊、伝習隊、衝鋒隊、新選組等の幕府諸隊の生き残りと、一部幕臣、東北諸藩や佐幕諸藩の兵などがこの蝦夷共和国には参加していたが、戦力的には新政府軍に圧倒的に劣り、頼みの綱は榎本が率いていた艦隊という状況であった。

榎本らが拠点とした五稜郭は、別項で説明しているように、築城時にすでに時代遅れの存在であり、なおかつ当初計画よりもかなり規模を縮小し、不完全な状態であった。

五稜郭は不完全な港湾要塞の一部

さらに言えば、本来的に五稜郭は、函館港の周囲を要塞で囲み、港湾要塞とするべく計画されたうちの一部であり、単独では存在意義を発揮できない城であった。

当初の計画では、函館湾から五稜郭まで、東西に弁天岬台場、矢不来《やぎない》台場など複数の台場を設置し、さらには南側にも台場・堡塁を数基、後背地にも小型の砦ともいえる四稜郭《しりょうかく》のような砦を多数配置する予定であったという。

そこまで完成し、さらにはそれらすべてに最新式の砲が装備されて初めて、函館港は近代的な軍事港湾として機能するのである。そしてその本営が五稜郭ということになる。もっとも、港湾要塞としてさらに整備されていた場合、有事の指揮所は高地である函館山に置かれた可能性が高い。

そういった意味で、それら全体が完成しない状態では、軍事要塞としてはあまり効果的な存在ではなかったのである。

残念ながら、幕府の経済力が疲弊し、それだけの余力がなくなったために計画は頓挫。五稜郭も半端な形で工事が終了し、当然のように四稜郭など周辺の砦はほとんど造られないままであった。

五稜郭の背後を守る四稜郭

さて、その四稜郭である。四稜郭とはその名の通り、四つの稜(尖った先端部分)を持った砲座のある陣地・砦で、上空から見ると、蝶が羽を広げたような姿をしている。

四稜郭は、五稜郭の東北三キロメートルほどの位置の丘陵上にある小さな防御拠点で、函館戦争の直前に榎本武揚が築かせたものである。

五稜郭を目指して北方から進行してくるであろう新政府軍を想定し、これに対処するため急遽築造したもので、東西七十三メートル、南北四十五メートル、郭内面積約二千三百平方メートルとても小さく、

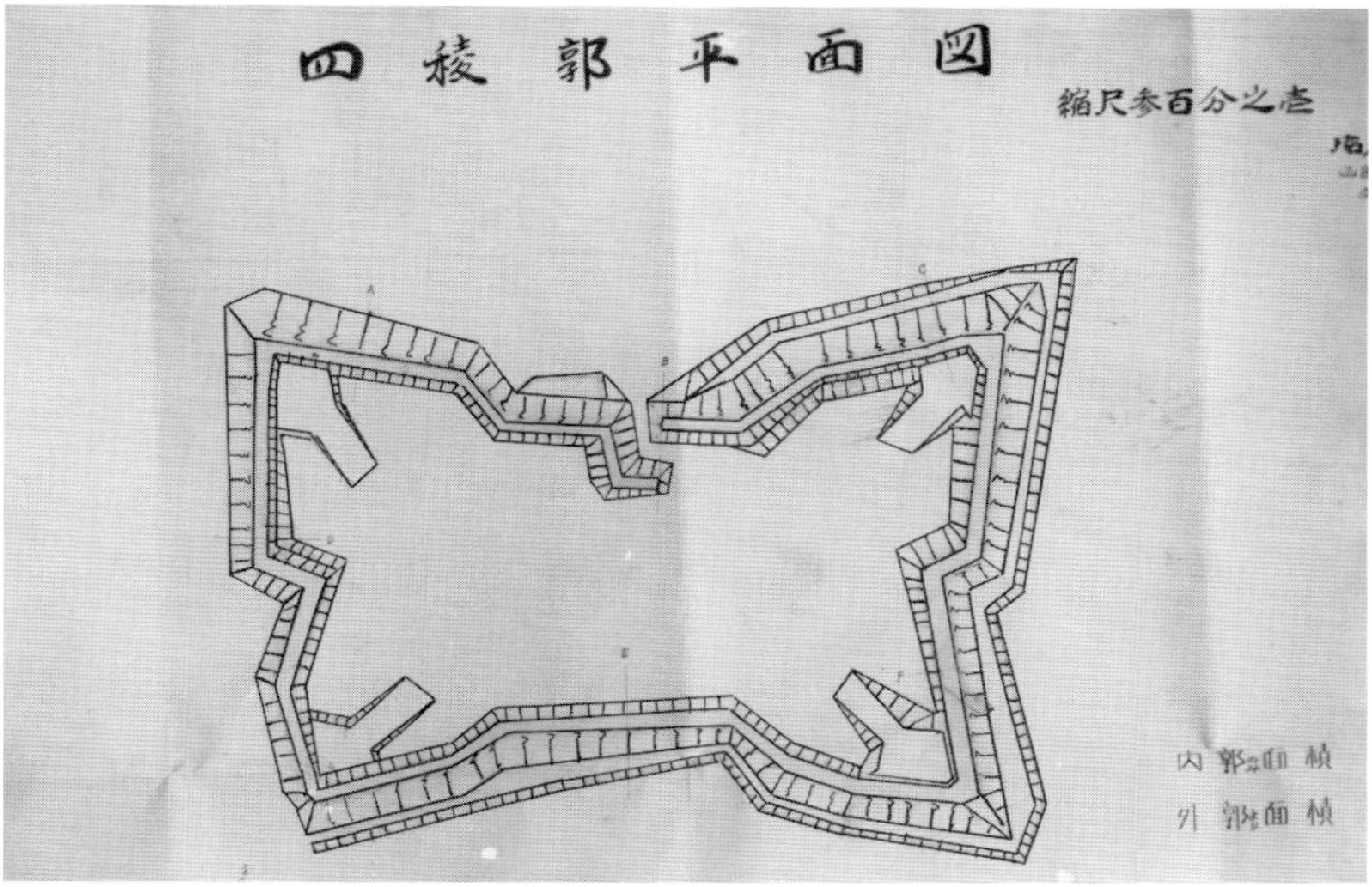

神山茂「四稜郭の史跡」平面図。四稜郭を測量して描いた平面図
（橋函館市中央図書館デジタル資料館蔵）

土塁の高さも三メートルほどで、城郭というよりは、野戦築城による砦・砲台といったレベルのものである。

一応は周囲に一・五メートルほどの幅の堀が築かれていたが、これは土塁を築くために土塁前面の地面を掘り上げ、これを堀として用いたもので、非常に簡易的なものである。

設計・築造指揮は大鳥圭介、またはフランス軍のブリュネ大尉であるとされるが確定はしていない。驚くことに、四稜郭は二百の兵と百人ほどの近隣住民による昼夜の突貫工事で、数日で完成したと伝わっている。

函館戦争では、岡山藩と徳山藩の兵が四稜郭を攻めている。榎本軍がこれをバックアップするため背後より攻撃し、共和国軍が瞬間的に有利となったが、政府軍主力である長州藩の援軍が間に合い、四稜郭は放棄されている。

数時間敵の進撃を遅らせただけで四稜郭はその役目を終え、以降は歴史に名を出すこともなく放置され続けた。

まだある五稜郭周辺の西洋型陣地

ほかに、三稜郭とも呼べる三角形の簡易的な陣地・砦があったという伝承もあるが、実体は不明である。比遅里神社のあたりにあったのではないかとの説もあるが、特定するのは難しい。

そもそも、小さな陣地であれば特に形状にこだわる必要はなく、地形に合わせて築造したほうが効率的である。仮に、三稜郭と呼ばれる陣地跡があったとしても、もともとの地形を利用した三角の陣地があったというのが現実で、西洋型の稜堡とするために三角にしたわけではないと思われる。

五稜郭や四稜郭があることから、それに合わせるように三稜郭と呼んだのではなかろうか。

さらに、函館市の北側にある七飯《ななえ》町には、七つの稜のある陣地跡があり、一部に七稜郭と呼ばれている。地理的には、内浦湾側から函館に向かう途中、大沼から函館平野に入る直前の峠を扼する標高三百四十九メートルの高地にあり、函館防衛のための要所の一つであったと思われる。規模としては、東西約二十メートル、南北十数メートルで、約百坪ほどの小規模な陣地で、フランス人士官のブリュネが指揮して造成したとされている（七飯町歴史館）。

こちらも、七稜の星形をしていることから七稜郭と呼ばれることがあるが、この規模では小銃レベルであっても十字砲火は形成できず、防御上のメリットは存在しない。

やはり単に地形上の特性でたまたまそのような形状になったのだろう。可能性としては、ちょっとしたシャレ・遊び心のようなものとして、星形のデザインとした可能性もあるが、真意は不明である。

ほかにも、いくつかの小さな陣地跡が五稜郭周辺にはあったようであるが、そのほとんどが消滅し、原形をとどめていない。

四稜郭は、丘陵上にあったことで宅地や農地として用いられず、開発からまぬがれることができ、ある程度の規模で築造されていたため、その形状が残ったと考えられる。

本格的な四稜郭・松前藩戸切地陣屋

四稜郭としては、松前藩戸切地《へきりち》陣屋も忘れてはならない存在であろう。

五稜郭から北西に十三キロメートルほどの位置にある同陣屋は、安政二年（一八五五）、幕府が松前藩に命じて蝦夷防衛のために築かせた国内初の洋式の城塞で、設計は佐久間象山門下の砲術家藤原主馬。総面積四万二千六百平方メートル、郭内面積二万三千四百平方メートル（現地案内板による）と、蝦夷共和国の四稜郭に比べ、約十倍の面積の堂々たるものである。

松前藩戸切地陣屋（国土地理院航空写真　2017 年 6 月 18 日撮影）

四つの稜のうち、砲台が築かれているのは東側のみで、ここに六基の砲座を備えている。砲座のある東側の稜のみ、くびれのある五稜郭の稜堡に似た形状をしている。これは、西側には山があり、予想される戦闘正面が東側になるためと思われるが、そうであったとしても、いかにも中途半端な構造に思われる。五稜郭同様、これも予算による制約であろうか。

なお、旧幕府軍が上陸した折は、戸切地陣屋は旧幕府軍の攻撃を受ける前に、松前藩自らが焼き払い、守備隊は退却している。

旧幕府軍が築造した四稜郭は、昭和九年（一九三四）に国の史跡に指定され、一部農地として崩された土塁も修復され、往時の姿を今に残している。五稜郭から北に約三・四キロメートルほどなので、五稜郭を訪問した折には、ぜひとも立ち寄っていただきたい。そしてさらに余裕があるようであれば、松前藩戸切地陣屋跡も見学していただきたい。同陣屋跡は、戸切地陣屋跡史跡公園として整備され、「日本の歴史公園１００選」にも選ばれ、特に桜の美しさは良く知られている。

［長野県］

名君が遺したミニチュアの城

龍岡城

幕末から明治初期にかけて、いくつかの城が各地で築かれている。安政元年（一八五四）完成の松前城、元治元年（一八六四）完成の山口城、慶応二年（一八六六）完成の函館五稜郭といったところがよく知られているが、これらよりも遅く築かれた龍岡城（田野口城）の存在は、あまり知られていない。

龍岡城を築いたのは、信濃龍岡藩一万六千石の藩主である松平乗謨《のりかた》である。乗謨は、その名字からわかるように、徳川家に連なる親藩の当主で、同家は三河の大給《おぎゅう》（現在の愛知県豊田市）に陣屋を構え本拠としていた。

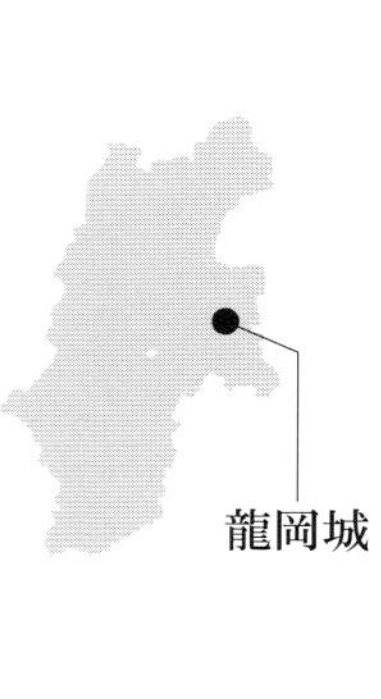

龍岡城の鋭角な稜堡の先端部。小さいながらも堂々たる五稜郭である（写真＝長野県観光機構）

大給松平家は、徳川家康より五代遡る松平親忠の次男松平乗元《のりもと》を祖とし、徳川家が松平を名乗っていた時代から徳川宗家に仕える譜代中の譜代である。

大給松平家が信濃と縁を持ったのは、元禄十六年（一七〇三）、摂津、河内、丹波などに散在する形で保持していた所領一万二千石の替わりに、信濃田野口に同じ石高の替地を与えられてからである。なお、正徳元年（一七一一）、それまで拠点とした大給が交通の便が悪い土地であったことから、藩庁は三河領内の奥殿へと移されている。

ステータスであった三河の領地

江戸時代の三河は、徳川家発祥の地として特別な存在で、そこに領地を持っていることは大きなステータスであった。そのため大給松平家では、幕末まで本拠はあくまでも三河の所領（四千石）の奥殿とし、陣屋も同地に構え、信濃の領地は飛び地として扱われていた。

時代は幕末となり、幕府は参勤交代を三年に一度へと緩和し、藩主の江戸在留期間も百日と短くされた。龍岡藩では、これを機に藩領のほとんどを占める信濃に拠点を移すことと決し、政庁である陣屋も、信濃へと移すことにした。

これは、幕末の不穏な情勢への対処、リスクヘッジという意味合いも大きい。西国に近く、東海道が走る三河より、信濃田野口の方が安心できるとの判断であろう。

信濃の大名は、飯山藩、上田藩、小諸藩、岩村田藩、龍岡藩、松本藩、諏訪藩、高遠藩、松代藩が譜代で、外様の飯田藩、須坂藩も幕府の要職に就く藩であり、信濃では反幕勢力は皆無に近い状態であった。なお、信濃には旗本領や天領、尾張藩の飛び地も多く、龍岡藩も、その周囲は旗本領と天領に囲まれていた。

エリート大名松平乗謨

乗謨は、若き日にはオランダ語やフランス語を学び、西洋の最新知識を持った優秀な人物で、なおかつ家柄が良く、人格も高潔。幕閣や将軍からも信頼され、老中格、老中、若年寄、陸軍奉行、陸軍総裁と幕府の要職を歴任しているスーパーエリート。

彼はフランス式の軍政を自藩に導入し、兵装も最新のものとしていたほどの西洋通である。農民兵を組織する先見性も持ち、藩内では、蚕種・生糸の増産、薬用人参の栽培をはじめとする産業振興も進める有能な政治家であった。明治以降、長野県は養蚕や薬用人参で潤うことになるが、そこに乗謨の影響は少なくないだろう。

藩士の教育にも力を入れ、江戸の高名な儒学者である東條文蔵（方庵）を招いて藩校を設置している。文蔵の父である東條一堂《いちどう》は、神田お玉ヶ池に「瑤池《ようち》塾」を開いた儒学者である。塾に隣接して千葉道場があったが、瑤池塾では学問を、千葉道場では剣技をと、文武両道を一つの場所で学べるということで、ともに門弟数千を数えるほどの賑わいを見せた。なお、彼ら、諸藩の若者たちに本を売るため、近辺に書店が集まったことが、神田の古書店街のはじまりであったという。

一堂は儒学者ではあったが、進歩的な知識と考えを持ち、幕閣の阿部正弘に開港を進言していたと伝わっている。その跡取りである文蔵もまた、進取の思考を持つ人物であったという。

西洋の軍事技術の導入

乗謨が陣屋を築くことになった時代、幕府と諸藩は、西洋の軍事技術を取り入れようと、必死になっていた。新しい銃や砲、練兵システム、軍艦。武士たちは二百年以上自分たちが最強と信じて疑わなかったそれまでの古い武道を捨て、しゃにむに西洋技術の導入を急いだが、それは城についても同様であった。

龍岡城石垣。石垣の石材は加工され、砲弾の入り込む隙間を無くしている（写真＝望月昭明）

西洋式の近代城郭としてよく知られているのは、本書でもすでにとり上げている函館の五稜郭である。五稜郭とは五芒星《ごぼうせい》、つまりは五つの頂点をもった星形のこと。この幾何学的な縄張りの城郭はヨーロッパで進化し、特にフランスの軍事技術者のヴォーバンによって完成した。

ヴォーバンが生まれたのは一六三三年。日本の軍学者、山鹿素行《やまがそこう》の生年が元和八年（一六二二）なので、ほぼ同時代の人ということになる。

山鹿素行は朱子学を批判し、赤穂に預けられ、そこで大石内蔵助らに軍学を教えている。また、赤穂城の縄張りは甲州流軍学者の近藤正純《まさずみ》によるものだが、そこには山鹿素行の意見も取り入れられているという。

赤穂城を見ると、ヴォーバン流に近い近代的城郭への萌芽がわずかに見られるが、幸か不幸か江戸期の日本には戦争がなく、築城技術はブラッシュアップされることなく進歩は止まってしまう。

幕末、ようやくヴォーバン流の築城術が日本にも

上空から見た龍岡城。縄張りがはっきりわかる（写真＝長野県観光機構）

たらされたが、この時代、実際には銃砲の進化によりその意味はほとんど消滅していた。しかし、江戸期の日本では、それでも最新の軍事情報であった。

信濃の五稜郭・龍岡城

西洋の軍事知識を持ち、後に幕府の陸軍総裁にまで登り詰める乗謨は、その居城たる陣屋を、函館と同様の五稜郭タイプの西洋型城郭として築くことにした。こうして、龍岡城は日本では最新の、しかしながら西洋ではすでに時代遅れの城として誕生することになる。

五稜郭が時代遅れだということは、当然ながら先端知識を持つ乗謨も承知していたはずである。しかし、彼は城としての実質的意味である防御力を無視して、ほとんど効果のない五稜郭を築いている。

そもそも、一万六千石の小大名が築くような小さな構造物では、銃砲が発達した時代には、城としての意味合いはまったくなかった。

五稜郭の存在意義は、接近する敵に対し、どの方向に対しても複数方向から攻撃できる十字砲火にあ

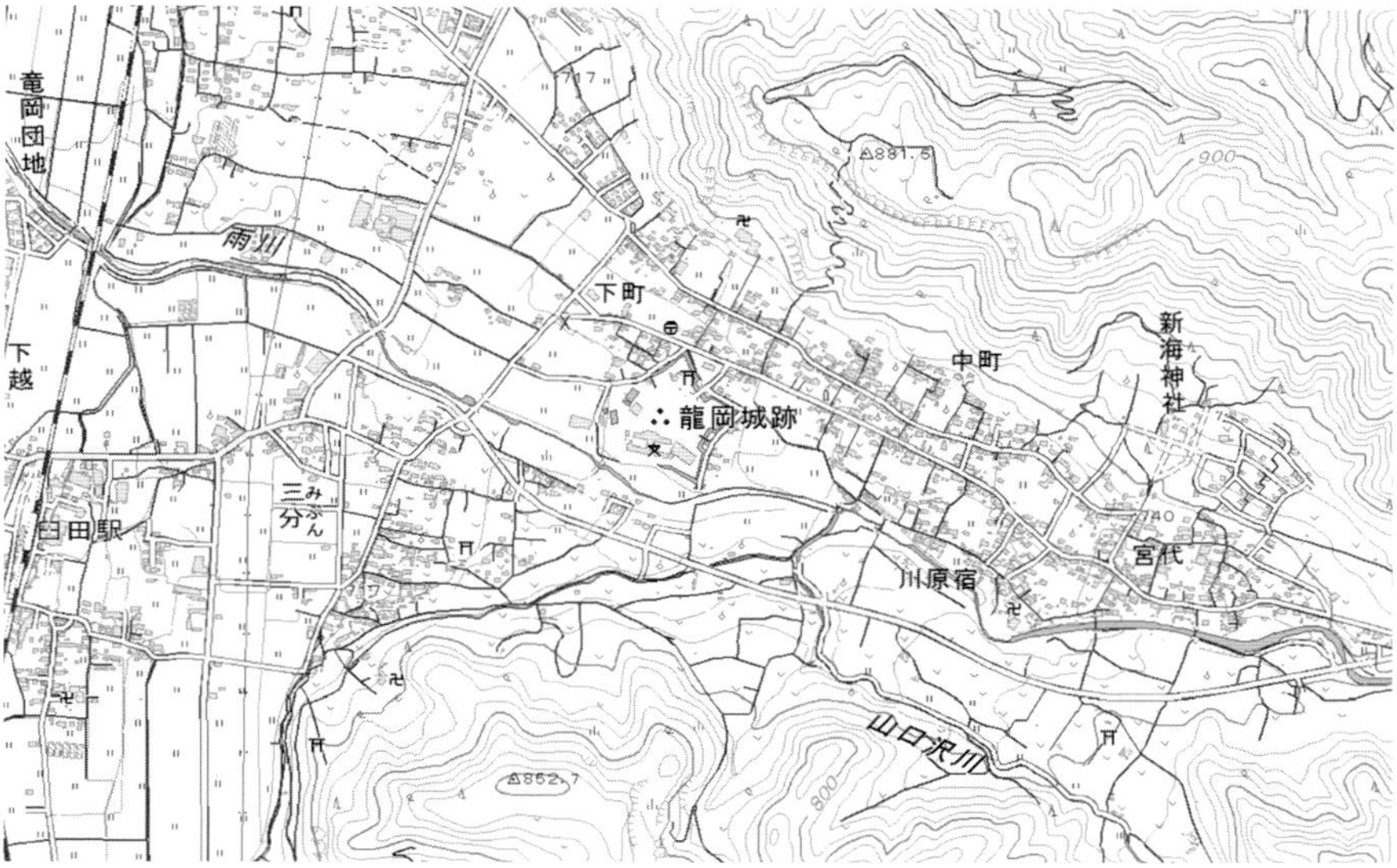

龍岡城の周辺地図。山に挟まれた低地に位置する（国土地理院の標準地図より）

るのだが、龍岡城では規模が小さすぎてしまい、十字砲火と呼べるレベルの弾幕を構成することはできない。なにより、龍岡城には砲台が一基しかないのだから、十字砲火を形成するのは根本的に不可能である。

　それぞれの稜角（星形の先端）の間の長さは、函館の五稜郭が約三百メートルであるのに対し、龍岡城は約百五十メートル。規模的に、函館五稜郭のほぼ二分の一であり、面積としては四分の一ということになる。

　堀の幅はわずか五間（約九メートル）で、土塁の高さも数メートル。これでは戦国時代の火縄銃でも防ぐことはできず、投石でも攻撃が可能である。

　何より、龍岡城の南北にはそれぞれ数百メートルの距離で山があり、実際に戦闘になった場合には、龍岡城は高地からの銃砲撃を、南北両方向から受けることになってしまう。現地を訪れれば、小高い山に挟まれたその立地の、戦闘時の危うさを実感することができるだろう。

　幕末の小銃の有効射程は銃・弾丸により異なるが、施条銃身（ライフル）のもので五百～八百メートル

龍岡城の堀が、直線で構成されていることがよくわかる（写真＝望月昭明）

ほどであったとされる。もちろん、砲の射程はこれ以上である。これでは、実質的に龍岡城で防御戦闘を行うことは不可能である。

乗謨は、なぜこのような城とも呼べない構造物を築いたのであろうか。おそらくだがそれは、西洋式の軍制を推し進める立場として、象徴として、またはモデルとして作ったものではなかろうか。

龍岡城の石垣はしっかりとした隙間のない亀甲積みなのだが、これは石垣の隙間に砲弾が入り、破壊されることを防ぐためである。

さらに、石垣最上部は板石を突き出した、「はね出し」又は「武者返し」と呼ばれる構造となっている。どちらも函館の五稜郭にも見られるもので、龍岡城が、ミニチュアでありながら、丁寧に、そしてしっかりと築かれていることが理解できるだろう。ではあるが、実戦を想定した場合、数メートルの堀と、わずか二メートルほどの高さの石垣であれば、板や梯子をかけるだけで簡単に越えることが可能となる。せっかくの亀甲積みも、砲弾はその上を軽々と超えてしまうので、その意味はほとんどないだろう。

元治元年（一八六四）に築城がはじまった同城が

おおむね完成したのは慶応三年（一八六七）四月。その費用は四万両であったという。同時期、彼はさらに西洋の銃器を購入し、おかげで藩の財政は大きく逼迫した。

江戸時代の終焉

同年十月、徳川慶喜は大政奉還を朝廷に申し入れ、江戸幕府は終焉を迎えてしまう。

これに驚いた乗謨は、海軍総裁稲葉正巳、若年寄兼会計奉行永井尚服《なおこと》、若年寄並川勝広運《かわかつひろかず》らと軍艦で大坂に向かい、二条城で慶喜に叛意を迫っている。

しかし慶喜はこれを退け、乗謨には幕閣の説得を命じて江戸へと返している。

鳥羽・伏見の戦いで幕府側が破れ、慶喜も自主的に謹慎し、幕府そのものはこれ以降、新政府に恭順する形となり、龍岡藩も新政府に従っている。この折、松平乗謨はその名を大給恒《ゆずる》へと改名している。幕府との決別の顕れであろうか。ちなみに、龍岡藩という藩名もまた、慶応四年（一八六八）五月二十八日に乗謨が変更して以降のもので、それまでは同藩は田野口藩と呼ばれていた。本書では、混乱を避けるため、龍岡藩としている。

乗謨は、新政府に命じられるまま、長岡藩を攻めるため、八十二名の藩士を越後方面へと送っている。この働きが評価され、後に乗謨は明治政府より賞典金として二千両を授与されることになる。

維新後、あらためて政府より龍岡藩知事に任命された乗謨であったが、明治四年（一八七一）六月二日、藩の財政破綻を理由に、廃藩置県を前に自主的に龍岡藩を廃し、領地のすべてを新政府へと返納している。そのため、廃藩置県の折には、すでに龍岡藩の名は消滅していた。なお、あらゆる藩が幕末にはほぼ破産状態であったわけで、この領地返納の理由が財政破綻であるとは、素直に受け取ることはできない。むしろ、乗謨が時代の区切りとして、すべてを整理するために断行したものと推測される。

明治政府での活躍

自発的に廃藩し、藩知事の座を降りて私人になったとはいえ、同時代最高クラスの知識と語学力を持

松平乗謨（1839 ～ 1910）。維新後は賞勲局総裁や枢密顧問官を歴任した

つ乗謨ほどの人材を政府が放置するはずもなく、しばらくすると彼は出仕をはじめている。

幕閣だった時代、乗謨は西洋の勲章制度を研究していた。これを知っていた大久保利通らの推薦で、彼はメダイユ（賞牌・メダル・勲章）取調御用掛に任ぜられ、日本における勲章制度を確立し、後年、賞勲局《しょうくんきょく》総裁にまで昇りつめている。

明治政府はこの働きを高く評価し、大給松平家は伯爵へと陞爵《しょうしゃく》（爵位を向上させること）されている。

明治十年（一八七七）、国内最後の内戦である西南戦争が発生。戦地での惨状を知った乗謨は、櫻井忠《ただ》興《おき》、佐野常民《つねたみ》らと博愛社を創立し、資金・医薬品を調達し、医師、看護婦の募集を行って、負傷者救護のため戦地へと送っている。

彼のこの行動は、恨みも何もない同じ日本人同士が戦った、戊辰戦争での苦い経験を持つ乗謨の、「敵も味方も傷者は同じ」という思い、強い博愛精神によるものだが、この活動が後の日本赤十字の創設へとつながることになる。

明治天皇に愛された高潔さ

乗謨の生涯は、まさに謹厳実直そのもので、李下に冠を正さずの言葉を実践し、維新後は、余計な交際を一切せずに詩歌のみを楽しみとして日々を過ごしている。

若き時代、幕末最高の詩人のひとりである東條文蔵に師事した彼の詩歌は、どのようなものであったであろう。

その高潔な人格は明治天皇より深く愛された。乗謨が危篤に陥ると、それを聞いた天皇は彼を正二位

龍岡城の郭内は、現在は佐久市立田口小学校として人々に愛されている（写真＝望月昭明）

に叙し、さらには勲一等旭日桐花大綬章を授与している。日本の勲章制度を作り上げた乗謨にとって、これはもっともふさわしい見舞いであったように思われてならない。

乗謨の築いた龍岡城は、廃藩置県が全国レベルで実施されると、他の地域に先駆けて堀を埋め、城は取り壊された。敷地は小学校となり、堀も完全に埋没した結果、明治時代の後半には、城がどの様な形状をしていたのかもわからない状態となっていた。しかし、昭和初期に旧藩主乗謨を敬慕する地元有志の手により、龍岡城は復原された。今では美しい五芒星の縄張りを確認することができ、地元の人々や城郭ファンに、信濃の五稜郭として愛されている。

龍岡城は歴史もあまりなく、使われた期間も短い。明治に入るとすぐにその姿を消し、誰からも忘れ去られたとても小さな城である。しかし、龍岡城は、幕末から明治という時代の転換点を見続けた、歴史の証人そのものでもあった。

その愛らしく美しい星のような姿は、松平乗謨という偉大な人物が残した、誇り高き勲章そのものなのだろう。

今回、紹介した城について

【江戸城】 東京都千代田区千代田
アクセス　天守台は皇居東御苑内にある。地下鉄大手町駅または竹橋駅が最寄り。田安門は地下鉄九段下駅から徒歩約5分
問い合わせ　宮内庁☎03（3213）1111

【長岡城】 新潟県長岡市大手通
アクセス　JR上越新幹線長岡駅下車。本丸跡は駅付近、二の丸跡は駅前の複合施設「アオーレ長岡」付近
問い合わせ　長岡市観光企画課☎0258（39）2344

【会津若松城】 福島県会津若松市追手町
アクセス　JR磐越西線会津若松駅から周遊バスで鶴ヶ城入口下車すぐ
問い合わせ　会津若松観光ビューロー☎0242（23）8000

【松前城】 北海道松前郡松前町松城
アクセス　JR函館本線函館駅から車で約2時間
問い合わせ　松前城資料館☎0139（42）2216
＊資料館は冬季（12月中旬〜4月中旬）休館

【萩城】 山口県萩市堀内
アクセス　JR山陰本線萩駅から循環バスで萩城跡・指月公園入口・北門屋敷入口下車
問い合わせ　萩市観光協会☎0838（25）1750

【山口城】 山口県山口市滝町
アクセス　JR山口線山口駅から徒歩約15分
問い合わせ　山口観光コンベンション協会☎083（933）0088

【熊本城】 熊本県熊本市中央区本丸
アクセス　JR九州新幹線熊本駅から周遊バスで熊本城・二の丸駐車場下車
問い合わせ　熊本城総合事務所☎096（352）5900
＊熊本地震の影響で立ち入れない場所があります（平

成29年12月現在)。詳しくはお問い合わせください

【佐賀城】佐賀県佐賀市城内
アクセス　JR長崎本線佐賀駅から徒歩約25分
問い合わせ　佐賀城本丸歴史館☎0952(41)7550

【鹿児島城】鹿児島県鹿児島市城山町
アクセス　JR九州新幹線鹿児島中央駅から市電で市役所前下車、徒歩約5分
問い合わせ　鹿児島観光コンベンション協会☎099(286)4700

【大坂城】大阪府大阪市中央区大阪城
アクセス　JR大阪環状線大阪城公園駅下車すぐ
問い合わせ　大阪城パークセンター☎06(6755)4146

【二条城】京都府京都市中京区二条通堀川西入
アクセス　地下鉄二条城前駅下車すぐ
問い合わせ　京都市文化市民局元離宮二条城事務所☎075(841)0096

【彦根城】滋賀県彦根市金亀町
アクセス　JR東海道本線彦根駅から徒歩約15分
問い合わせ　彦根観光協会☎0749(23)0001

【姫路城】兵庫県姫路市本町
アクセス　JR山陽新幹線姫路駅から徒歩約20分
問い合わせ　姫路城管理事務所☎079(285)1146

【宇和島城】愛媛県宇和島市丸の内
アクセス　JR予讃線宇和島駅から徒歩約25分
問い合わせ　宇和島城天守☎0895(22)2832

【五稜郭】北海道函館市五稜郭町
アクセス　JR函館本線函館駅から市電で五稜郭公園前下車、徒歩約15分
問い合わせ　五稜郭公園☎0138(31)5505

【四稜郭】北海道函館市陣川町
アクセス　函館バスセンターからバスで高野寺下車、徒歩約30分
問い合わせ　函館市教育委員会文化財課☎0138(21)3472

【龍岡城】長野県佐久市田口
アクセス　JR小海線龍岡城駅または臼田駅から徒歩約20分
問い合わせ　佐久市文化振興課文化財事務所☎0267(63)5321

城郭用語解説

【縄張】城の基本設計・全体構造。「経始」とも呼ばれる。中心となる本丸をどこに置き、周囲にどのような曲輪、堀、門を配置するかなど、城そのものの基本設計。

【曲輪・郭】城の内部を機能や用途、地形的制約によって分割する区域のこと。塀や堀で分けられ、本丸、二の丸、一の曲輪、二の曲輪などと呼ばれる。

【本丸】城の中心となる曲輪。城主の生活空間・御殿が本丸に置かれている場合が多い。山城などでは、城主は平時は麓の館・御殿で生活し、戦時のみ城主がここに詰めて指揮を執るというケースもある。

【天守】天守の機能は、物見櫓としての意味と、城主の権威付けとが主なものと考えられる。安土城、大坂城では天守に居住施設を置き、生活空間・政務の場としての意味合いを持たせているが、これは例外。戦闘のための施設としての意味合いも多少はあるが、天守が攻められる状況は、ほぼその城が堕ちる直前であり、そこに大きな意味はない。以前は「天守閣」と呼ばれたが、近年では天守とのみ表記するのが一般的となりつつある。独立式、複合式、連結式などさまざまなタイプがある。

【山城】山上に築いた城。戦闘では、高い位置が有利であるというのは自明であり、攻め手の侵攻ルートが限られ、侵攻そのものに困難さが伴えば、守備側はさらに有利となる。多くの場合、平時は山のふもとで暮らし、有事に「詰めの城」として篭るという利用法をとる。

【平城】平野部の開けた土地に築かれる城。戦国時代後期から江戸時代には、その利便性・有用性から意図して平城が多用された。立地が平地であるため、城下町の発展に便利であり、地形的な制約が少ないため縄張りは自由。機動性に富み、非常に有効な軍事拠点となる一方、防御力に劣るというデメリットがある。

【平山城】平野部の小高い丘や小さな山を縄張りに取り入れた、山城と平城の中間形態。防御力と利便性とを兼ね備え、使い勝手が良い。高所を城内に持つので見晴らしも良く、城主の権威を示すのにも都合が良い。

【堀】大きく掘った溝により、攻め手の攻撃を阻止し、移動の自由を奪う防御施設。水が入っていれば水堀・濠、水がなければ空堀となるが、高地に城を築くことの多い日本では空堀が多い。底辺に逆茂木や乱杭、竹槍などを埋め込んで、落ちた敵兵に対しての殺傷能力を高めているものもある。障子堀、畝堀、竪堀、畝状竪堀、横堀等、様々な形態がある。

【土塁・土居】土を盛り上げて築かれた、土の土手・壁。多くの場合、堀をほった土を積み上げて築かれているので、城の外部から見た場合は、まず一段低い地形である堀があり、その先に土塁が立ちふさがることとなる。

【石塁・石垣】石をくみ上げて築かれた壁。土塁に比べ頑丈で、斜面の角度も急角度できるというメリットがある。築城技術の発展と、築城者の経済力の向上により多用されるようになる。織豊期以降の西国の城に多い。

【虎口】城への出入口を防御する関門となる場所。「小口」とも書かれ、文字通り狭い道を指す。

【喰違虎口】防御力向上のため、堀や土塁を食い違いに設置して築いた虎口。開口部を側面に設けることで、攻め手は入口方向からの攻撃と同時に、城内からの側面攻撃（横矢）を受けることになる。攻め手が城内に侵入しづらいのと同時に、防御側が城外に兵を出す時には、城内からの援護射撃を受けられることになる。

【枡形虎口】虎口の前面に桝形（方形）の空間を設け、そこに門を二重に設置して防御力を高めた虎口。城外に方形の突出部を築く外桝形と、城の内側に方形区画を設置する内桝形とがある。

【馬出】虎口の前面外側に設置するコの字、または三日月型（半円形）の防御地形。土塁や石垣、堀などで築かれ、虎口の外に一つの小さな曲輪を設置したようなものである。三日月形のものを「丸馬出」、コの字形のものを「角馬出」と呼ぶ。

【陣屋】江戸時代には、大名の家格により、その藩庁の拠点を城、または陣屋として扱った。城主大名以上の家格の大名の場合は城とされ、それ以下の場合は陣屋と呼ばれた。一般的に、三万石以上の大名が城主大名とされたが、例外も少なくない。

【台場】幕末に築かれた砲台を、台場と呼ぶ。主に、外国船に対して砲撃を行なう目的で築造されたが、実際に用いられたものは全体の中のごく一部である。台場、御台場と呼ばれることが多いが、正しくは砲台場である。

あとがき

明治維新とは、とても不思議な歴史事件でした。それまで政権担当者であった江戸幕府を、薩摩、長州の下級武士たちが中心となって打ち倒し、明治政府は成立しました。さて、そこであらためて思い返していただきたいのですが、幕府に対する反発は、どのような主張だったでしょうか。そう、倒幕を目指した人々のスローガンは、常に「尊王攘夷」でした。

しかし、維新によって誕生した明治政府がどのような政策を取ったかというと、それはまさに開国そのものでしたし、天皇は形式的には尊ばれましたが、実権は政府が握り、結局のところ明治政府は実質的には天皇親政の政権ではなく、幕府と同じように天皇は権威としての存在であり続けました。

幕末の幕府は粛々と開国への道を歩んでいましたし、将軍家は天皇を尊崇し、その権威を守り続けていました。そうであれば、明治維新とはいったい、なんであったのかと疑問に思ってしまいます。

その答えを探し続けて彷徨っているのですが、今もその答えは私には見つけられないでいます。ではありますが、明治維新に意味がなかったということではありません。維新による成果は、十分すぎるほどにありました。

その最大のものの一つは、武家社会の解体です。当時の日本は、幕府が政権を担当してはいましたが、全国は三百ほどの藩によって分割統治され、税制も法律も藩により異なり、それぞれの藩が独立した形で各地域を統治していました。当時の日本は、幕府を中心とした諸藩との連合国家のような形態であり、幕府の支配権、統治能力は、諸藩に対しては限定的なものでした。日本が近代国家として列強諸国との競争に参加する時、この幕藩体制は大きな枷となってしまったと思われますが、幕府が主導する形で藩を解体することは非常に困難で、これが実現できたのは、明治維新の大きな効用の一つであったと思います。

同時に、武士という特権階級を消滅させることができたのも、明治維新があったからこそでしょう。幕府とはそもそも、武士の権益を朝廷から守るために成立した存在で、その存在意義から考えて、武士という階級を消滅させることは、幕府には不可能であったと思われます。

何より、武士が主家、将軍家に忠義を尽すのは、彼らが武士だからであって、彼らが武士でなくなるとすれば、論理的に彼らが主家や幕府に仕える理由は消滅します。だとすれば、幕府が政権を担う形である場合は、それはあくまで武士によって支えられたものであるはずで、武士という階級は存続し続けることになってしまいます。

それは、有力大名による合議制であっても根本的な違いはなく、武士の消滅は、明治維新による新しい政権であればこそ可能にした、大変革でした。

天皇の権威により、国内最大の勢力であった徳川宗家が廃藩に応じてしまえば、御三家、親藩、譜代は当然これに倣うしかありませんし、尊王を旗印に新政府に恭順した諸藩も、新政府の意向に従う以外に道はありませんでした。

そう考えてしまえば、やはり明治維新は歴史の必然だったのだろうと、そう思えてなりません。

本書では、彼ら武士たちが拠りどころとした城が、幕末にどのような存在であったか、そこにどんなドラマがあったかについて追いかけたつもりです。今回、改めて幕末について振り返ることができたのですか、そこには驚くほどに不思議な物語、心を震わせる話が隠されていました。幕末を、城とともに生きた男たちの息吹には、心震えるものがあります。それは、時代を本気で駆け抜けた者たちだけが持つ凄烈さであり、迫力です。城を訪れる時、そこにあったはずの彼らの人生に、少しでも思いを馳せていただければと思います。

著者略歴

鞍掛伍郎（くらかけ・ごろう）

歴史研究家。一九六六年、長野県生まれ。地質コンサルタント、専門誌編集者をへて現在にいたる。戦国史、とくに茶道・禅寺と政治の関連について継続的な研究を行っている。歴史関連をメインに、多数の著作を持つ。

栄光と落城
城から見た幕末・維新史

二〇一七年十二月二十日　第一刷発行

著　者　鞍掛伍郎
発行者　山本雅弘
発行所　株式会社ウェッジ
〒一〇一-〇〇五二
東京都千代田区神田小川町一-三-一
NBF小川町ビルディング三階
電話　〇三-五二八〇-〇五二八（営業）
〇三-五二八〇-〇五二六（編集）、
http://www.wedge.co.jp
振替〇〇一六〇-二-四一〇六三六

装　丁　株式会社イーゼル
DTP組版　株式会社リリーフ・システムズ
図版製作　アトリエ・プラン
印刷・製本所　図書印刷株式会社